新世纪高职高专
大数据与会计专业系列规划教材

企业纳税会计实训

（第八版）

新世纪高职高专教材编审委员会 组编
主　编　曹　森　丁　凯　吕献荣
副主编　林丽佳　李海燕　于　磊
　　　　王春萍　王　祎　李小敏
　　　　贾素英

大连理工大学出版社

图书在版编目(CIP)数据

企业纳税会计实训 / 曹森，丁凯，吕献荣主编. --8版. -- 大连：大连理工大学出版社，2023.5（2024.8重印）
新世纪高职高专大数据与会计专业系列规划教材
ISBN 978-7-5685-3313-3

Ⅰ．①企… Ⅱ．①曹… ②丁… ③吕… Ⅲ．①企业管理－税收会计－高等职业教育－教材 Ⅳ．①F275.2

中国版本图书馆 CIP 数据核字（2021）第 254777 号

大连理工大学出版社出版

地址：大连市软件园路 80 号　邮政编码：116023
发行：0411-84708842　邮购：0411-84708943　传真：0411-84701466
E-mail:dutp@dutp.cn　URL:https://www.dutp.cn

大连图腾彩色印刷有限公司印刷　　大连理工大学出版社发行

幅面尺寸：185mm×260mm	印张：10.75	字数：275 千字
2003 年 8 月第 1 版		2023 年 5 月第 8 版
2024 年 8 月第 2 次印刷		
责任编辑：郑淑琴		责任校对：刘俊如
封面设计：对岸书影		

ISBN 978-7-5685-3313-3　　　　　　　　　　　　定　价：35.80 元

本书如有印装质量问题，请与我社发行部联系更换。

前　言

《企业纳税会计实训》(第八版)是在《企业纳税会计实训》(第七版)基础上修订完成的。《企业纳税会计实训》(第七版)是"十二五"职业教育国家规划教材和普通高等教育"十一五"国家级规划教材,也是新世纪高职高专教材编审委员会组编的大数据与会计专业系列规划教材之一。本教材同时也是《企业纳税会计》(第九版)的配套教材。

本教材与国家现行财税政策相符,满足对学生进行基本知识和业务技能实训的需要,有助于提高学生的实践技能。此次修订,主要改进内容如下:

对项目一的案例,根据"多证合一"及相关规定进行了修改;对项目二和项目三,根据修改后的增值税税率,重新设计并修改了相关的实训题;使用最新《增值税及附加税费申报表(一般纳税人适用)》、《增值税及附加税费申报表(小规模纳税人适用)》、《增值税及附加税费预缴表》及其附列资料和《消费税及附加税费申报表》;根据现行税制规定修改了城市维护建设税、关税、土地增值税、资源税、企业所得税的实训题及纳税申报表;车辆购置税、行为税、耕地占用税和个人所得税根据现行税法的内容对实训题进行了全面的修改。

本教材的主要特点:

1.项目实训内容与教材体系架构配套,与实际工作岗位对接,注重业务技能实训内容的创新。

2.注重提高学生动手能力。本实训教材有大量的基本技能实训题和业务技能实训题,学生能够及时进行各种业务知识的实训练习,便于在学中训、在训中学,不仅能有效地检测教学效果和学生的学习状况,还可以提高学生的实践技能,满足培养高端技能型人才的需要。

3.理论与实际工作结合得更密切。本教材考虑教学中学生对知识和能力的要求,内容排列由简到繁,由易到难,梯度明晰,顺序合理。以一个企业的某类业务作为一个实训题,通过相关业务进行税额的计算、会计账务的处理、纳税申报表的填制,达到工学结合的教学目的。

本教材由山东经贸职业学院曹森、丁凯、吕献荣担任主编;山东信息职业技术学院林丽佳、山东畜牧兽医职业学院李海燕、山东经贸职业学院于磊、王春萍、王祎、李小敏、潍坊市水文中心高级会计师贾素英担任副主编;齐鲁工业大学曹元润担任参编。

具体编写分工如下:曹森负责全书的总撰定稿以及项目一、项目二的编写,丁凯负责项目六的编写,林丽佳负责项目七、项目八的编写,李海燕负责项目三、项目四的编写,于磊负责项目五的编写,王春萍负责项目九的编写,吕献荣、王祎、李小敏、贾素英、曹元润参与了部分内容的编写。

在编写本教材的过程中,编者参考、引用和改编了国内外出版物中的相关资料以及网络资源,在此表示深深的谢意!相关著作权人看到本教材后,请与我社联系,我社将按照相关法律的规定支付稿酬。

本教材可作为高职高专院校税务大数据应用、大数据与会计、大数据与财务管理、资产评估与管理等经济管理类专业的教材,也可作为税务、会计工作者的参考用书。

为方便教师教学和学生自学,本教材配有参考答案,如有需要,请登录职教数字化服务平台进行下载。

尽管本教材汇集了广大读者和相关院校的集体智慧和共同努力,但由于编者的水平和精力有限,书中仍可能有疏漏及不足之处,恳请读者在使用过程中给予关注,并将意见及时反馈给我们,以便修订时得以改进和完善。

编 者

2023 年 5 月

所有意见和建议请发往:dutpgz@163.com
欢迎访问职教数字化服务平台:https://www.dutp.cn/sve/
联系电话:0411-84707492 84706104

目　　录

◎ 项目一　企业纳税会计基础实训 ……………………………………… 1

◎ 项目二　增值税纳税实训 ………………………………………………… 8

◎ 项目三　消费税纳税实训 ………………………………………………… 39

◎ 项目四　关税纳税实训 …………………………………………………… 54

◎ 项目五　行为税及特定目的税纳税实训 ……………………………… 60

◎ 项目六　财产税纳税实训 ………………………………………………… 88

◎ 项目七　资源税纳税实训 ………………………………………………… 98

◎ 项目八　企业所得税纳税实训 ………………………………………… 104

◎ 项目九　个人所得税纳税实训 ………………………………………… 134

项目一

企业纳税会计基础实训

一 基本技能实训

(一)单项选择题

1. 当会计准则与税法不一致时,纳税会计应以(　　)为准来调整财务会计的核算结果。
   A. 税法　　　　　　　　　　B. 会计法
   C. 会计法和会计准则　　　　D. 会计准则

2. (　　)税务局(分局)是税务登记的主管税务机关,负责税务登记的设立登记、变更登记、注销登记和税务登记证验证、换证以及非正常户处理、报验登记等有关事项。
   A. 乡镇税务所　　　　　　　B. 县以上
   C. 地市级以上　　　　　　　D. 任何一级

3. 纳税人税务登记内容发生变化的,应当自工商行政管理机关或者其他机关办理变更登记之日起(　　),持有关证件向原税务登记机关申报办理变更税务登记。
   A. 15 日内　　B. 30 日后　　C. 15 日后　　D. 30 日内

4. 纳税人被工商行政管理机关吊销营业执照或者被其他机关予以撤销登记的,应当自营业执照被吊销或者被撤销登记之日起(　　),向原税务登记机关申报办理注销税务登记。
   A. 15 日内　　B. 30 日后　　C. 15 日后　　D. 30 日内

5. 纳税人应当在《外管证》有效期届满后(　　)内,持《外管证》回原税务登记地税务机关办理《外管证》缴销手续。
   A. 10 日　　　B. 15 日　　　C. 20 日　　　D. 30 日

6. 纳税人在年应税销售额超过规定标准的月份(或季度)的所属申报期结束后(　　)内办理一般纳税人登记或选择按照小规模纳税人的规定办理相关手续。
   A. 5 日　　　　B. 10 日　　　C. 12 日　　　D. 15 日

7. 从事生产经营的纳税人应当自领取营业执照或者发生纳税义务之日起(　　)设置账簿。
   A. 15 日内　　B. 20 日内　　C. 30 日内　　D. 40 日内

8. 凡从事生产经营的纳税人必须将所采用的财务、会计制度和具体的财务、会计处

理办法,按税务机关的规定,自领取税务登记证件之日起( ),及时报送主管税务机关备案。

  A. 15 日内   B. 20 日内   C. 30 日内   D. 40 日内

9. 增值税专用发票基本联次为三联,销售方应将( )交给购货方。

  A. 发票联   B. 抵扣联

  C. 抵扣联和发票联   D. 记账联

10. 不能按照规定安装、使用税控装置,或者损毁、擅自改动税控装置的,由税务机关责令限期改正,可以处以 2 000 元以下的罚款;情节严重的,处以( )的罚款。

  A. 2 000 元以上 5 000 元以下   B. 2 000 元以上 1 万元以下

  C. 2 000 元以上 2 万元以下   D. 1 万元以上

11. 纳税人账簿、凭证、财务会计制度比较健全,能够如实反映生产经营成果,正确计算应纳税款的,税务机关对其采用的税款征收方式是( )。

  A. 定期定额征收 B. 查验征收 C. 查账征收 D. 查定征收

12. 下列各项中,不需要办理税务登记的是( )。

  A. 从事生产经营的事业单位   B. 取得工资、薪金的个人

  C. 企业在外地设立的分支机构   D. 个体工商户

13. 税务机关对自然人纳税人采取税收保全措施时,下列物品中不得采取税收保全措施的是( )。

  A. 车辆   B. 豪宅

  C. 单价 5 000 元以下的生活用品 D. 古玩字画

14. 因纳税人、扣缴义务人计算错误等失误,未缴或者少缴税款的,税务机关在 3 年内可以追征税款、滞纳金;有特殊情况的,追征期可延长到( )。

  A. 5 年   B. 6 年   C. 8 年   D. 10 年

15. 下列各项中,不符合税收征收管理规定的是( )。

  A. 采取税收保全措施时,冻结的存款以纳税人应纳税款的数额为限

  B. 采取税收强制执行措施时,被执行人未缴纳的滞纳金必须同时执行

  C. 税收强制执行的适用范围不仅限于从事生产经营的纳税人,也包括扣缴义务人

  D. 税收保全措施的适用范围不仅限于从事生产经营的纳税人,也包括扣缴义务人

(二)多项选择题

1. 纳税会计的核算基础有( )。

  A. 权责发生制 B. 收付实现制 C. A 和 B   D. A 或 B

2. 下列各项中,属于法定税务登记事项的有( )。

  A. 开业税务登记 B. 注销税务登记 C. 停业税务登记 D. 临时经营税务登记

3. 其他纳税人,除( )外,也应当办理税务登记。

  A. 国家机关

  B. 个人

C.无固定生产、经营场所的流动性农村小商贩

D.有固定经营场所的工商户

4.纳税人办理注销税务登记前,应当向税务机关提交相关证明文件和资料,(   ),经税务机关核准后,办理注销税务登记手续。

A.结清应纳税款、多退(免)税款、滞纳金和罚款

B.不需缴销发票

C.缴销发票

D.税务登记证件和其他税务证件

5.纳税人办理(   )应当提供税务登记证件。

A.开立银行账户   B.领购发票   C.暂停经营活动   D.延期纳税

6.年应税销售额,是指纳税人在连续不超过12个月或四个季度的经营期内累计应征增值税销售额,包括(   )。

A.纳税申报销售额

B.稽查查补销售额

C.纳税人偶然发生的销售无形资产收入

D.纳税评估调整销售额

7.企业应纳税凭证具体包括(   )。

A.纳税申报表   B.支付个人收入明细表

C.定额税款通知书   D.预缴税款通知单

8.一般纳税人凭(   )领购增值税专用发票。

A.《发票领购簿》   B.IC卡

C.经办人身份证明   D.税务登记证或其他有关证件

9.一般纳税人有(   )情形,不得领购增值税专用发票。

A.会计核算不健全的

B.税收违法行为,已接受税务机关处理的

C.虚开增值税专用发票未改正的

D.借用他人增值税专用发票已改正的

10.一般纳税人领购专用设备后,凭(   )到主管税务机关办理初始发行。

A.税务登记代码   B.《最高开票限额申请表》

C.《发票领购簿》   D.企业名称

11.同时具有(   )情形的,增值税专用发票作废。

A.收到退回的发票联、抵扣联时间未超过销售方开票当月

B.销售方未抄税并且未记账

C.购买方未认证或者认证结果为"纳税人识别号认证不符""增值税专用发票代码、号码认证不符"

D.购买方已认证

12. 经认证,有下列( )情形的,不得作为增值税进项税额的抵扣凭证,税务机关退还原件,购买方可要求销售方重新开具增值税专用发票。
　　A. 无法认证　　　　　　　　　　B. 纳税人识别号认证不符
　　C. 增值税专用发票代码、号码认证不符　D. 列为失控增值税专用发票

13. 当期货币资金在扣除( )后,不足以缴纳税款的,可以延期缴纳税款。
　　A. 应付职工工资　B. 社会保险费　　C. 商业保险费　　D. 材料采购款

14. 根据税收征管法的规定,税务机关在税款征收中,根据不同情况,有权采取的措施有( )。
　　A. 加收滞纳金　　B. 追征税款　　C. 核定应纳税额　　D. 吊销营业执照

15. 纳税人办理下列( )事项时,必须持税务登记证件。
　　A. 开立银行账户　　　　　　　　B. 申请减税、免税、退税
　　C. 领购发票　　　　　　　　　　D. 申请开具外出经营活动税收管理证明

16. 采取税收保全措施应当符合的条件有( )。
　　A. 纳税人有逃避纳税义务的行为　　B. 在规定的纳税期之后
　　C. 在规定的纳税期之前　　　　　　D. 责令限期缴纳应纳税款的限期内

17. 纳税申报的形式主要有( )方式。
　　A. 直接申报　　　　　　　　　　B. 邮寄申报
　　C. 数据电文　　　　　　　　　　D. 简易申报、简并征期

18. 纳税人应办理纳税申报的情形有( )。
　　A. 纳税期内有应纳税款的　　　　B. 纳税期内没有应纳税款的
　　C. 纳税人被注销的　　　　　　　D. 纳税人处于享受减税、免税待遇期间的

(三)判断题

1. 扣缴义务人应当自扣缴义务发生之日起 30 日内,向所在地的主管税务机关申报办理扣缴税款登记,领取扣缴税款登记证件。　　　　　　　　　　　　　　　　( )

2. 增值税一般纳税人资格实行登记制,登记事项由增值税纳税人向其主管税务机关办理。　　　　　　　　　　　　　　　　　　　　　　　　　　　　　　　　( )

3. 收付实现制又称现金制,是指对一切收入和费用一律以其发生期为标准,计入当期损益,不论款项是否实际收付。　　　　　　　　　　　　　　　　　　　　( )

4. 凡从事生产经营的纳税人必须将其所采用的财务、会计制度和具体的财务、会计处理办法,按税务机关的规定,自领取税务登记证件之日起 30 日内,及时报送主管税务机关备案。　　　　　　　　　　　　　　　　　　　　　　　　　　　　　　( )

5. 发票收缴是指用票单位和个人按照规定向税务机关上缴已经使用的发票,不包括未使用的发票。　　　　　　　　　　　　　　　　　　　　　　　　　　　( )

6. "税金及附加"科目核算企业应交的增值税、消费税、城市维护建设税、资源税、土地增值税和教育费附加等税费。　　　　　　　　　　　　　　　　　　　　( )

7. 企业只有依法办理税务登记之后,才能到指定的税务机关购买各种业务的相关发票。　　　　　　　　　　　　　　　　　　　　　　　　　　　　　　　　( )

8. 纳税人停业期满未能按期复业又不办理延长停业的,税务机关视为恢复营业,实

施正常的税收征收管理。　　　　　　　　　　　　　　　　　　（　　）

9.需要缴纳税款的纳税人出境前未结清应纳税款,又不提供担保的,税务机关可以通知出境管理机关阻止其出境。　　　　　　　　　　　　　　　　　　　（　　）

10.纳税人外出经营活动结束,应当向经营地税务机关填报外出经营活动情况申报表,并结清税款,不需要缴销发票。　　　　　　　　　　　　　　　　　（　　）

二　业务技能实训

(一)税务登记实训

山东省潍坊市金马有限责任公司是2021年8月由张军、刘华和李维三人投资设立的,采用小企业会计制度。企业基本情况如下:

统一社会信用代码:91370102MA3DLD697N

注册地址:潍坊市高新区大学东路40号

邮政编码:260030

生产经营地址:潍坊市高新区大学东路40号

生产经营范围:主营羊绒制品及加工

发照工商机关名称:潍坊市高新区工商行政管理局

发照日期:2021年8月5日

有效期限:10年

从业人数:签订劳动合同人员10人,临时人员6人

开户银行名称:中国工商银行　　账号:370705009200042250　　币种:人民币

法定代表人(负责人):张军,居民身份证证件号码:370708196604300410

法定代表人电话:0536-8331689

生产经营期限:2021年8月5日至2031年8月4日

经营方式:工业性加工　　登记注册类型:私营有限责任公司

行业:C18—纺织服装、鞋、帽制造业

财务负责人:李山　　联系电话:0536-8331688　　电子邮箱:778135789@163.com

财务负责人居民身份证证件号码:370708197810180690

办税人员:赵梅　　联系电话:0536-8331687　　电子邮箱:zhaomei999@163.com

办税人居民身份证证件号码:370708198805300690

隶属关系:县级市属企业　　注册资本(人民币):80万元,投资情况见下表:

投资方名称	身份证证件号码	投资金额(万元)	投资币种	所占投资比例(%)	分配比例(%)
张军	370708196604300410	60	人民币	75	75
刘华	370708198605100690	10	人民币	12.5	12.5
李维	370708197604150410	10	人民币	12.5	12.5

要求:根据以上资料填写"多证合一"登记信息确认表(表1-1)。

表 1-1   "多证合一"登记信息确认表

尊敬的纳税人：

  以下是您在工商机关办理注册登记时提供的信息。为保障您的合法权益，请您仔细阅读，对其中不全的信息进行补充，对不准的信息进行更正，对需要更新的信息进行补正，以便为您提供相关服务。

一、以下信息非常重要，请您务必仔细阅读并予以确认

纳税人名称			统一社会信用代码			
登记注册类型			批准设立机关		开业（设立）日期	
生产经营期限起		生产经营期限止		注册地址邮政编码	注册地址联系电话	
注册地址						
生产经营地址						
经营范围						
注册资本	币种			金额		
投资方名称	证件类型	证件号码			投资比例	国籍或地址
		□□□□□□□□□□				
		□□□□□□□□□□				
…	…				…	…

项目 联系人	姓名	证件 类型	证件号码	固定电话	移动电话
法定代表人			□□□□□□□□□□□□		
财务负责人			□□□□□□□□□□□□		

二、以下信息比较重要，请您根据您的实际情况予以确认

法定代表人电子邮箱		财务负责人电子邮箱	
投资总额	币种	金额	

若您是总机构，请您确认

分支机构名称		分支机构统一社会信用代码	
分支机构名称		分支机构统一社会信用代码	
分支机构名称		分支机构统一社会信用代码	
…		…	

若您是分支机构，请您确认

总机构名称		总机构统一社会信用代码	

   经办人：   纳税人（签章）

                    年　月　日

(二)增值税一般纳税人资格登记实训

假如业务技能实训(一)金马有限责任公司2021年年应征增值税销售额达到了500万元,符合增值税一般纳税人资格登记的其他条件,该公司申请办理一般纳税人资格登记手续需提供什么资料?请为该公司填写增值税一般纳税人资格登记表(表1-2)。

表1-2　　　　　　　　　　增值税一般纳税人资格登记表

纳税人名称		纳税人识别号 (统一社会信用代码)	
法定代表人 (负责人、业主)		证件名称及号码		联系电话	
财务负责人		证件名称及号码		联系电话	
办税人员		证件名称及号码		联系电话	
税务登记日期			
生产经营地址			
注册地址			
纳税人类别:企业□　非企业性单位□　个体工商户□　其他□			
主营业务类别:工业□　商业□　服务业□　其他□			
会计核算健全:是□			
一般纳税人资格生效之日:当月1日□　　次月1日□			
纳税人(代理人)承诺: 　　上述各项内容真实、可靠、完整。如有虚假,愿意承担相关法律责任。 　　经办人:　　　法定代表人:　　　代理人:　　　(签章) 　　　　　　　　　　　　　　　　　　　　　　　　　　　年　月　日			
以下由税务机关填写			
主管 税务 机关 受理 情况	受理人:		主管税务机关(章) 　　　　　　年　月　日

填表说明:

1.本表由纳税人如实填写。

2.表中"证件名称及号码"相关栏次,根据纳税人的法定代表人、财务负责人、办税人员的居民身份证、护照等有效身份证件及号码填写。

3.表中"一般纳税人资格生效之日"由纳税人自行勾选。

4.主管税务机关(章)指各办税服务厅业务专用章。

5.本表一式二份,主管税务机关和纳税人各留存一份。

项目二 增值税纳税实训

一 基本技能实训

(一)单项选择题

1. 征收增值税的货物,是指( )。

   A. 有形动产　　　　B. 有形资产　　　　C. 不动产　　　　D. 无形资产

2. 下列业务中,按规定不征收增值税的是( )。

   A. 房屋装修业务　　　　　　　　　　B. 存款利息

   C. 建筑业务　　　　　　　　　　　　D. 饮食服务业务

3. 下列项目中不征收增值税的是( )。

   A. 歌厅销售饮料的收入　　　　　　　B. 招待所订购火车票的手续费

   C. 被保险人获得的保险赔付　　　　　D. 银行利息收入

4. 下列经营行为属于视同销售货物行为的是( )。

   A. 某厂家委托商店代销货物

   B. 某生产企业外购货物用于职工福利

   C. 销售古旧图书

   D. 某化工厂销售产品,购买方尚未支付货款

5. 下列行为中,不属于视同销售货物行为的是( )。

   A. 将委托加工的货物无偿赠送他人

   B. 将自产的货物作为投资

   C. 将货物交付他人代销

   D. 在同一县(市)设有两个以上机构并实行统一核算的纳税人,将货物从一个机构移送至其他机构用于销售

6. 下列各项中,属于视同销售行为应当计算销项税额的是( )。

   A. 将购买的货物用于免税项目　　　　B. 将购买的货物委托外单位加工

   C. 将购买的货物无偿赠送他人　　　　D. 将购买的货物用于集体福利

7. 下列销售行为不属于增值税征税范围的是(　　)。

A. 商店销售农业初级产品

B. 典当业销售死当物品

C. 银行销售金银

D. 单位或者个体工商户聘用的员工为本单位或者雇主提供取得工资的服务

8. 下列物品,不属于免征增值税的是(　　)。

A. 由残疾人的组织直接进口供残疾人专用的轮椅

B. 古旧图书

C. 农业生产者销售的自产农产品

D. 一般纳税人销售自己使用过的摩托车

9. 增值税纳税人,年应税销售额超过(　　)万元应当向主管税务机关申请一般纳税人资格登记。

A. 500　　　　　　B. 80　　　　　　C. 50　　　　　　D. 300

10. 下列货物中按9%税率计算销项税额的是(　　)。

A. 农机零件　　　B. 方便面　　　C. 水果罐头　　　D. 农业机械

11. 下列项目在计算增值税时应计入销售额的是(　　)。

A. 销售方向购买方收取的销项税额

B. 受托加工应征消费税的消费品所代收代缴的消费税

C. 以委托方名义开具发票代委托方收取的款项

D. 超过1年未收回的包装物押金

12. 下列项目中,即使取得法定扣税凭证,也不得从销项税额中抵扣其税额的是(　　)。

A. 购进的用于本单位职工福利的材料　　B. 购进的用于应税项目的免税农业产品

C. 购进的用于对外投资的货物　　　　　D. 一般纳税人外购材料支付的运费

13. 某工业企业(增值税一般纳税人)发生的下列项目中,应将其已申报抵扣的进项税额从发生期进项税额中转出的是(　　)。

A. 将购进货物用于集体福利　　　　B. 将购进货物无偿赠送给他人

C. 将委托加工收回的货物用于对外投资　D. 将委托加工收回的货物用于分配

14. 按税法规定,出口货物不能按免抵退税办法计算出口退税的是(　　)。

A. 生产企业出口自产货物　　　　　B. 对外提供加工修理修配劳务

C. 向境外单位提供适用零税率的应税劳务　D. 不具有生产能力的出口企业出口货物

15. 某服装厂将自产的服装作为福利发给本厂职工,该批产品制造成本共计10万元,利润率为10%,按当月同类产品的平均售价计算为18万元,计征增值税的销售额为(　　)。

A. 10万元　　　　B. 10.9万元　　　　C. 11万元　　　　D. 18万元

16. 某黄酒厂(一般纳税人)销售黄酒的不含税销售额为100万元,发出货物收取包装物押金为5.65万元,定期60天收回,则该黄酒厂当期增值税销项税额是( )。

　　A.13万元　　　　　B.17万元　　　　　C.17.8万元　　　D.15.8万元

17. 下列经营行为属于混合销售行为的是( )。

　　A.某农村供销社既销售税率为13%的家用电器,又销售税率为9%的化肥、农药等

　　B.某家具厂一方面批发家具,一方面又对外承揽室内装修业务

　　C.某建筑公司为某单位盖房,双方议定由建筑公司包工包料,一并核算

　　D.某农业机械厂既生产销售税率为9%的农机,又从事加工修理修配业务

18. 外贸企业出口委托加工修理修配货物以外的货物,其出口应退增值税的计算公式是( )。

　　A.应退税额=普通发票所列含税金额×征收率

　　B.应退税额=增值税退(免)税计税依据×退税率

　　C.应退税额=普通发票所列含税金额÷(1+征收率)×退税率

　　D.应退税额=普通发票所列含税金额÷(1−征收率)×退税率

19. 某公司为增值税一般纳税人,1月8日上缴上年12月应纳增值税税额148 000元,则正确的会计处理为( )。

　　A.借:应交税费——应交增值税(已交税金)　　　　　148 000
　　　　贷:银行存款　　　　　　　　　　　　　　　　　　　　　148 000

　　B.借:应交税费——未交增值税　　　　　　　　　　　148 000
　　　　贷:应交税费——应交增值税(转出未交增值税)　　　　148 000

　　C.借:以前年度损益调整　　　　　　　　　　　　　　148 000
　　　　贷:银行存款　　　　　　　　　　　　　　　　　　　　　148 000

　　D.借:应交税费——未交增值税　　　　　　　　　　　148 000
　　　　贷:银行存款　　　　　　　　　　　　　　　　　　　　　148 000

20. 本月检查以前年度发生的纳税错误,在调账时,凡是涉及损益类账户的,一律通过( )账户进行调整。

　　A."利润分配"　　　　　　　　　　B."本年利润"

　　C."以前年度损益调整"　　　　　　D."营业外收入"

21. 下列销售不动产涉及的会计分录,不正确的是( )。

　　A.企业销售不动产:借记"银行存款"账户,贷记"固定资产清理"账户

　　B.计算缴纳增值税:借记"应交税费"账户,贷记"固定资产清理"账户

　　C.发生固定资产清理费用:借记"固定资产清理"账户,贷记"银行存款"账户

　　D.销售不动产的净收益:借记"固定资产清理"账户,贷记"营业外收入"账户

22. 企业建造办公大楼领用生产用原材料时,相关的增值税应借记( )账户。

　　A."管理费用"　　B."生产成本"　　C."在建工程"　　D."其他业务成本"

23. 甲公司因管理不善造成火灾,毁损一批存货,其中原材料的成本为100万元,增

值税税额为13万元;库存商品的实际成本为800万元,经确认损失库存商品消耗的外购材料的增值税税额为32万元。甲公司有关会计分录不正确的是(　　)。

A.借记"待处理财产损溢"账户945万元

B.贷记"原材料"账户100万元

C.贷记"库存商品"账户800万元

D.贷记"应交税费——应交增值税(进项税额转出)"账户13万元

24.某小规模纳税企业,增值税征收率为3%,本月购入一批材料,取得的增值税专用发票中注明货款100万元,增值税13万元,款项以银行存款支付,材料已验收入库(该企业按实际成本计价核算)。本月销售产品一批,所开出的普通发票中注明的货款(含税)为206万元,增值税征收率为3%,款项已存入银行。该企业本月应交增值税为(　　)。

A.－10万元　　　　B.16万元　　　　C.6万元　　　　D.0万元

(二)多项选择题

1.增值税一般纳税人税率为9%的有(　　)。

A.基础电信　　　　　　　　　　B.转让土地使用权

C.提供有形动产租赁服务　　　　D.不动产租赁服务

2.可以选择按简易办法依照3%征收率的有(　　)。

A.公交客运

B.电影放映服务

C.文化体育服务

D.经认定的动漫企业为开发动漫产品提供的服务

3.适用于增值税一般纳税人销售货物的税率有(　　)。

A.13%　　　　B.3%　　　　C.9%　　　　D.6%

4.下列货物中,适用9%增值税税率的有(　　)。

A.一般纳税人销售的外购农产品

B.小规模纳税人销售的农药、饲料、化肥

C.一般纳税人销售的居民用煤炭制品

D.一般纳税人销售的有色矿产品

5.提供应税服务的税率有(　　)。

A.13%　　　　B.9%　　　　C.6%　　　　D.10%

6.销售(　　)等酒类产品而收取的包装物押金,收取时要计入其销售额中一并征税。

A.啤酒　　　　B.黄酒　　　　C.粮食白酒　　　　D.薯类白酒

7.下列可以从计税销售额中扣除的项目有(　　)。

A.折扣销售的折扣额与销售额开在一张发票的金额栏

B.销售折扣额(现金折扣)

C. 开具红字增值税专用发票的销售折让额

D. 折扣额与销售额开在同一张发票但折扣额填在备注栏

8. 购进农产品,除取得增值税专用发票或者海关进口增值税专用缴款书外,按照农产品收购发票或者销售发票上注明的农产品买价按9%的扣除率计算进项税额。农产品买价包括纳税人购进农产品,在农产品收购发票或者销售发票上注明的( )。

A. 价款 B. 按规定缴纳的烟叶税

C. 装卸费 D. 保险费

9. 增值税一般纳税人发生的下列项目中,应将其已申报抵扣的进项税额从发生期进项税额中转出的有( )。

A. 外购材料因管理不善引起损失

B. 将自制货物用于本单位在建工程

C. 将委托加工收回的货物用于投资

D. 将购进原材料用于集体福利

10. 将购买的货物用于( ),其进项税额准予抵扣。

A. 免税项目 B. 集体福利或个人消费

C. 分配给股东或投资者 D. 无偿赠送他人

11. 下列各项中,免征增值税的有( )。

A. 各类药品、医疗器械

B. 在境外提供的广播影视节目(作品)的播映服务

C. 航空公司提供飞机播洒农药服务

D. 外国政府、国际组织无偿援助的进口物资和设备

12. 下列各项应记入"应交增值税"三级账户借方的有( )。

A. 已交税金 B. 减免税款

C. 出口抵减内销产品应纳税额 D. 出口退税

13. 下列关于增值税退(免)税的计税依据正确的有( )。

A. 生产企业出口货物劳务(进料加工复出口货物除外)为其实际离岸价

B. 生产企业进料加工复出口货物为出口货物的离岸价(FOB)扣除出口货物所含的海关保税进口料件的金额

C. 外贸企业出口委托加工修理修配货物为增值税专用发票注明的金额

D. 免税品经营企业销售的货物为购进货物的增值税专用发票注明的金额或海关进口增值税专用缴款书注明的完税价格

14. 可以按照或选择按简易办法计算缴纳增值税情形的有( )。

A. 一般纳税人销售旧货 B. 一般纳税人提供的公共交通运输服务

C. 自来水公司销售自来水 D. 典当业销售死当物品

15. 下列增值税纳税义务发生的时间正确的有( )。

A. 采取预收货款方式销货时,为货物发出的当天

B. 采取预收货款方式销货时,为收到货款的当天

C. 采取托收承付和委托银行收款方式销货的,为发出货物并办妥托收手续的当天
D. 采取托收承付和委托银行收款方式销货的,为收到货款的当天

16. 下列不得开具增值税专用发票的有( )。
A. 一般纳税人销售货物或者提供应税劳务
B. 商业企业一般纳税人零售的烟、酒、食品
C. 销售免税货物
D. 商业企业一般纳税人销售劳保专用品

17. 对纳税人销售自己使用过的固定资产和旧货适用的税收政策有( )。
A. 一般纳税人销售自己使用过的固定资产和旧货,按简易办法依照3%征收率减按2%征收增值税
B. 小规模纳税人销售自己使用过的固定资产和旧货,按下列公式确定销售额和应纳税额:销售额=含税销售额÷(1+3%);应纳税额=销售额×2%
C. 一律按照4%的征收率计算征收增值税
D. 一律按照4%的征收率减半征收增值税

18. 下列各项,增值税一般纳税企业需要转出进项税额的有( )。
A. 自制产成品用于职工福利
B. 自制产成品用于对外投资
C. 外购的生产用原材料发生非正常损失(由于管理不善引起)
D. 外购的生产用原材料用于个人消费

19. 下列视同提供应税服务的有( )。
A. 向其他单位或者个人无偿提供交通运输业服务
B. 向其他单位或者个人无偿提供信息技术服务
C. 向其他单位或者个人无偿提供以公益活动为目的的广告服务
D. 向其他单位或者个人无偿提供广播影视服务

(三)判断题

1. 企业将外购塑钢型材加工成的塑钢门窗用于在建工程,应作进项税额转出。( )
2. 境外单位或者个人在境内发生应税行为,在境内未设有经营机构的,以购买方为增值税扣缴义务人。( )
3. 企业委托其他纳税人代销货物,对于发出代销货物超过180天仍未收到代销清单及货款的,视同销售实现,一律征收增值税。( )
4. 商场将购进货物作为福利发放给职工,应视同销售计征增值税。( )
5. 不经常提供应税服务的非企业性单位、企业和个体工商户可选择按照小规模纳税人纳税。( )
6. 一般纳税人和小规模纳税人销售农机、农膜、化肥均适用9%的低税率。( )
7. 纳税人将购买的货物无偿赠送他人,因该货物购买时已缴增值税,因此,赠送他人时可不再计入销售额征税。( )
8. 企业采取赊销方式销售货物,合同约定的收款日期是5月30日,但对方7月6日

才付款,所以该企业可在实际收款之日计算销项税额。 (   )

9.某企业将外购的货物(有增值税专用发票)赠送儿童福利院,其进项税额不得抵扣。 (   )

10.对增值税一般纳税人因销售货物向购买方收取的价外费用和逾期包装物押金,在征税时,一律视为含税收入,将其换算为不含税收入后并入销售额,据以计税。 (   )

11.增值税小规模纳税人购进货物取得增值税专用发票可抵扣进项税额,取得普通发票不允许抵扣进项税额。 (   )

12.纳税人销售货物价格明显偏低而无正当理由,或视同销售货物而无销售额的,税务机关有权按规定的顺序确定销售额。其确定顺序是:按纳税人最近时期同类货物的平均销售价格确定;按其他纳税人最近时期同类货物的平均销售价格确定;按组成计税价格确定。 (   )

13.某纺织厂从国外购进一台检测仪器,价值1 000美元,进口时海关已征收了进口环节增值税,纺织厂取得完税凭证。纺织厂可凭此完税凭证做进项税额抵扣当期销项税额。 (   )

14.某增值税纳税人当月外购原材料增值税发票已认证,其中领用50%加工制造成产品并实现销售。在计算其销售产品的应纳增值税时只允许抵扣外购原材料50%的进项税额,而不能在当期全部抵扣。 (   )

15.航空运输企业的应征增值税销售额应包括代收的机场建设费和因代售其他航空运输企业客票而代收转付的价款。 (   )

16.已抵扣进项税额的购进货物,如果因自然灾害而造成损失,应将损失货物的进项税额从当期发生的进项税额中扣减。 (   )

17.房地产主管部门或者其指定机构、公积金管理中心、开发企业以及物业管理单位代收的住宅专项维修资金不征收增值税。 (   )

18.从事货物的生产、批发或者零售的单位和个体工商户的混合销售行为,按照销售服务缴纳增值税。 (   )

19.中华人民共和国境内(以下称境内)的单位和个人提供的国际运输服务、向境外单位提供的研发服务和设计服务,适用增值税零税率。 (   )

20.小规模纳税人销售货物,按3%的征收率计算应纳税额,一般不得抵扣进项税额。 (   )

21.纳税人进口货物,应当自海关填发税款缴纳证的当日起15日内缴纳税款。 (   )

22.一般纳税人将货物用于集体福利或个人消费,其增值税专用发票开具的时间为货物移送的当天。 (   )

23.当期销项税额小于当期进项税额不足抵扣时,其不足部分不可以结转下期继续抵扣。 (   )

24.纳税人提供有形动产租赁业务采取预收款方式的,其纳税义务发生时间为收到预收款的当天。 (   )

二 业务技能实训

(一)增值税一般纳税人纳税申报实训

1.企业基本情况：

双利集团公司是有限责任公司,属增值税一般纳税人,增值税税率为13%,具有进出口经营权,出口退税率为10%。存货按实际成本计价。

法定代表人:郝郑迁

企业地址及电话:北京市光华路88号　65554466

企业所属行业:制造业(生产销售不锈钢制品)

开户银行及账号:中国工商银行光华路分理处　3301022009011503954

纳税人识别号(统一社会信用代码):略

财务会计负责人:刘光　　　　　纳税员:周天

2.该公司2021年4月留抵税额为600 000元,2021年5月发生以下业务：

(1)1日,向乙公司销售一批A产品,开出的增值税专用发票上注明的销售价格为1 000 000元,增值税税额为130 000元,该批产品的成本为800 000元。为尽早收回货款,双利集团公司和乙公司约定的现金折扣条件为:2/10,1/20,n/30。假定计算现金折扣时不考虑增值税税额。

(2)4日,乙公司付清1日货款。

(3)5日,乙公司在付款后发现部分产品有质量问题,又退回了所购产品的10%,本公司已开出红字增值税专用发票,开出转账支票,通知银行为其退款。

(4)7日,将自己生产的B产品用于自行建造职工俱乐部,该批产品的成本为200 000元,计税价格为300 000元;将一批含税售价为169 500元的C产品作为实物工资向职工发放,该批产品的成本为100 000元。增值税税率为13%。

(5)10日,以其自产A产品对外投资入股,组建股份有限公司,该批产成品账面成本为180 000元,并已计提存货跌价准备10 000元,正常对外销售不含税售价为200 000元;用自产的B产品发放实物股利,该产品成本为1 200 000元,正常对外销售的不含税售价为2 000 000元。

(6)15日,从本地购入原材料一批,取得对方开具的增值税专用发票,内列货款400 000元、增值税税额52 000元,以转账支票支付该批材料货款452 000元,增值税专用发票已认证。

(7)18日,拨付原材料78 000元,委托外单位配套加工,以转账支票支付加工费,取得受托方开具的增值税专用发票,内列加工费26 000元、增值税税额3 380元,材料加工完毕按实际成本验收入库。增值税专用发票已认证。

(8)20日,某汽车修配厂对本公司的运输车辆进行大修,以转账支票支付汽车修配厂修理费20 000元、增值税税额2 600元,取得汽车修配厂开具的增值税专用发票。增值税专用发票已认证。

(9)22日,从国外进口原材料一批,到岸价格 480 000 元、进口关税 120 000 元、进口增值税 78 000 元,均以银行汇票支付,以转账支票支付该批产品国内铁路运费 900 元,并取得增值税专用发票,增值税 900 元;海关开具的完税凭证和增值税专用发票均已认证。

(10)25 日,将其作为原材料购进的钢材领用一批出库,用于 2007 年建造的职工宿舍的维修,出库单列示出库数量 20 吨,每吨实际采购成本 2 000 元(不含税);该公司因管理不善造成钢材损失,实际成本为 380 000 元(不含税),经与保险公司协商,应由保险公司赔偿 80% 的货物损失。钢材已抵扣增值税。

(11)28 日,出口产品取得销售收入折合人民币 1 400 000 元,出口销售产品生产成本为 920 000 元(其中免税购进原材料价格 400 000 元),申请退税单证齐全。

3.要求:

(1)根据以上业务计算本月增值税销项税额、进项税额、应纳税额、应退税额、免抵税额。

(2)登记应交增值税明细账。

(3)填制一般纳税人增值税纳税申报表及附表(表2-1至表2-8)。

表 2-1　　　　　　　应交税费——应交增值税

略	借　方					贷　方					借或贷	余额
	合计	进项税额	已交税金	减免税款	出口抵减内销应纳税额	转出未交增值税	合计	销项税额	出口退税	进项税额转出	转出多交增值税		

表 2-2　　　　　　　　　增值税纳税申报表

（适用于增值税一般纳税人）

税款所属时间：自　年　月　日至　年　月　日　　　　　填表日期：年　月　日

金额单位：元(列至角分)

纳税人识别号(统一社会信用代码)						所属行业：		纳税编码：	
纳税人名称		法定代表人姓名		注册地址			营业地址		
开户银行及账号				企业登记注册类型			电话号码		

	项　目	栏　次	一般项目		即征即退项目	
			本月数	本年累计	本月数	本年累计
销售额	(一)按适用税率计税销售额	1				
	其中:应税货物销售额	2				
	应税劳务销售额	3				
	纳税检查调整的销售额	4				
	(二)按简易办法计税销售额	5				
	其中:纳税检查调整的销售额	6				
	(三)免、抵、退办法出口销售额	7				
	(四)免税销售额	8				
	其中:免税货物销售额	9				
	免税劳务销售额	10				
税款计算	销项税额	11				
	进项税额	12				
	上期留抵税额	13				
	进项税额转出	14				
	免、抵、退应退税额	15				
	按适用税率计算的纳税检查应补缴税额	16				

(续表)

项目	栏次	一般货物及劳务和应税服务		即征即退货物及劳务和应税服务	
		本月数	本年累计	本月数	本年累计
应抵扣税额合计	17＝12＋13－14－15＋16				
实际抵扣税额	18(如17＜11,则为17,否则为11)				
应纳税额	19＝11－18				
期末留抵税额	20＝17－18				
按简易计税办法计算的应纳税额	21				
按简易计税办法计算的纳税检查应补缴税额	22				
应纳税额减征额	23				
应纳税额合计	24＝19＋21－23				
税款缴纳 期初未缴税额(多缴为负数)	25				
实收出口开具专用缴款书退税额	26				
本期已缴税额	27＝28＋29＋30＋31				
①分次预缴税额	28				
②出口开具专用缴款书预缴税额	29				
③本期缴纳上期应纳税额	30				
④本期缴纳欠缴税额	31				
期末未缴税额(多缴为负数)	32＝24＋25＋26－27				
其中:欠缴税额(≥0)	33＝25＋26－27				
本期应补(退)税额	34＝28－29				
即征即退实际退税额	35				
期初未缴查补税额	36				
本期入库查补税额	37				
期末未缴查补税额	38＝16＋22＋36－37				

授权人声明	如果你已委托代理人申报,请填写下列资料: 为代理一切税务事宜,现授权＿＿＿＿＿＿ (地址)＿＿＿＿＿为本纳税人的代理申报人,任何与本申报表有关的往来文件,都可寄予此人。 授权人签字:	申报人声明	此纳税申报表是根据《中华人民共和国增值税暂行条例》的规定填报的,我确定它是真实的、可靠的、完整的。 声明人签字:

以下由税务机关填写:
收到日期:　　　　　　　　接收人:　　　　　　　　主管税务机关盖章:

表2-3

增值税纳税申报表附列资料（一）

（本期销售情况明细）

税款所属时间：自 年 月 日 至 年 月 日

纳税人名称：（公章）

金额单位：元（列至角分）

项目及栏次			开具增值税专用发票		开具其他发票		未开具发票		纳税检查调整		合计			扣除后		
			销售额	销项（应纳）税额	销售额	销项（应纳）税额	销售额	销项（应纳）税额	销售额	销项（应纳）税额	销售额	销项（应纳）税额	价税合计	服务、不动产和无形资产扣除项目本期实际扣除金额	含税（免税）销售额	销项（应纳）税额
			1	2	3	4	5	6	7	8	9=1+3+5+7	10=2+4+6+8	11=9+10	12	13=11-12	14=13÷(100%+税率或征收率)×税率或征收率
一、一般计税方法计税	全部征税项目	13%税率的货物及加工修理修配劳务	1													
		13%税率的服务、不动产和无形资产	2													
		9%税率的货物及加工修理修配劳务	3													
		9%税率的服务、不动产和无形资产	4													
		6%税率	5													
	其中：即征即退项目	即征即退货物及加工修理修配劳务	6			—	—	—	—	—	—			—	—	—
		即征即退服务、不动产和无形资产	7			—	—	—	—	—	—			—	—	—

（续表）

项目及栏次		开具增值税专用发票 销售额	开具增值税专用发票 销项（应纳）税额	开具其他发票 销售额	开具其他发票 销项（应纳）税额	未开具发票 销售额	未开具发票 销项（应纳）税额	纳税检查调整 销售额	纳税检查调整 销项（应纳）税额	合计 销售额	合计 销项（应纳）税额	合计 价税合计	服务、不动产和无形资产扣除项目本期实际扣除金额	扣除后 含税（免税）销售额	扣除后 销项（应纳）税额
		1	2	3	4	5	6	7	8	9=1+3+5+7	10=2+4+6+8	11=9+10	12	13=11-12	14=13÷(100%+税率或征收率)×税率或征收率
二、简易计税方法计税	6%征收率														
	5%征收率的货物及加工修理修配劳务	8													
	5%征收率的服务、不动产和无形资产	9a													
	4%征收率	9b													
	3%征收率的货物及加工修理修配劳务	10													
	3%征收率的服务、不动产和无形资产	11													
	预征率 %	12													
	预征率 %	13a													
	预征率 %	13b													
其中：即征即退项目	即征即退货物及加工修理修配劳务	13c	—	—	—	—	—	—	—	—	—	—	—	—	—
	即征即退服务、不动产和无形资产	14	—	—	—	—	—	—	—	—	—	—	—	—	—
三、免抵退税	货物及加工修理修配劳务	15	—	—	—	—	—	—	—	—	—	—	—	—	—
	服务、不动产和无形资产	16	—	—	—	—	—	—	—	—	—	—	—	—	—
四、免税	货物及加工修理修配劳务	17	—	—	—	—	—	—	—	—	—	—	—	—	—
	服务、不动产和无形资产	18	—	—	—	—	—	—	—	—	—	—	—	—	—
		19													

表 2-4 增值税纳税申报表附列资料(二)
(本期进项税额明细)

税款所属时间：自　　年　月　日至　　年　月　日

纳税人名称:(公章)　　　　　　　　　　　　　　　　　　　　　　金额单位:元(列至角分)

一、申报抵扣的进项税额

项目	栏次	份数	金额	税额
(一)认证相符的增值税专用发票	1＝2＋3			
其中：本期认证相符且本期申报抵扣	2			
前期认证相符且本期申报抵扣	3			
(二)其他扣税凭证	4＝5＋6＋7＋8			
其中：海关进口增值税专用缴款书	5			
农产品收购发票或者销售发票	6			
代扣代缴税收缴款凭证	7		—	
加计扣除农产品进项税额	8a			
其他	8b			
(三)本期用于购建不动产的扣税凭证	9			
(四)本期用于抵扣的旅客运输服务扣税凭证	10		—	—
(五)外贸企业进项税额抵扣证明	11			
当期申报抵扣进项税额合计	12＝1＋4＋11			

二、进项税额转出额

项目	栏次	税额
本期进项税额转出额	13＝14至23之和	
其中：免税项目用	14	
集体福利、个人消费	15	
非正常损失	16	
简易计税方法征税项目用	17	
免抵退税办法不得抵扣的进项税额	18	
纳税检查调减进项税额	19	
红字专用发票信息表注明的进项税额	20	
上期留抵税额抵减欠税	21	
上期留抵税额退税	22	
其他应作进项税额转出的情形	23	

三、待抵扣进项税额

项目	栏次	份数	金额	税额
(一)认证相符的增值税专用发票	24	—	—	—
期初已认证相符但未申报抵扣	25			

(续表)

项目	栏次	份数	金额	税额
本期认证相符且本期未申报抵扣	26			
期末已认证相符但未申报抵扣	27			
其中：按照税法规定不允许抵扣	28			
（二）其他扣税凭证	29＝30至33之和			
其中：海关进口增值税专用缴款书	30			
农产品收购发票或者销售发票	31			
代扣代缴税收缴款凭证	32		—	
其他	33			
	34			

四、其他

项目	栏次	份数	金额	税额
本期认证相符的增值税专用发票	35			
代扣代缴税额	36		—	—

表 2-5　　　　　　　　　　增值税纳税申报表附列资料（三）
（服务、不动产和无形资产扣除项目明细）

税款所属时间：自　　年　月　日至　　年　月　日

纳税人名称：（公章）　　　　　　　　　　　　　　　　金额单位：元（列至角分）

项目及栏次	本期服务、不动产和无形资产价税合计额（免税销售额）	服务、不动产和无形资产扣除项目			
		期初余额	本期发生额	本期应扣除金额	本期实际扣除金额	期末余额
	1	2	3	4＝2+3	5（5≤1且5≤4）	6＝4−5
13％税率的项目	1					
9％税率的项目	2					
6％税率的项目（不含金融商品转让）	3					
6％税率的金融商品转让项目	4					
5％征收率的项目	5					
3％征收率的项目	6					
免抵退税的项目	7					
免税的项目	8					

表 2-6　　　　　　　　　增值税纳税申报表附列资料(四)
　　　　　　　　　　　　　　(税额抵减情况表)

税款所属时间:自　　年　月　日至　　年　月　日

纳税人名称:(公章)　　　　　　　　　　　　　　　　　　　金额单位:元(列至角分)

一、税额抵减情况

序号	抵减项目	期初余额	本期发生额	本期应抵减税额	本期实际抵减税额	期末余额
		1	2	3＝1＋2	4≤3	5＝3－4
1	增值税税控系统专用设备费及技术维护费					
2	分支机构预征缴纳税款					
3	建筑服务预征缴纳税款					
4	销售不动产预征缴纳税款					
5	出租不动产预征缴纳税款					

二、加计抵减情况

序号	加计抵减项目	期初余额	本期发生额	本期调减额	本期可抵减额	本期实际抵减额	期末余额
		1	2	3	4＝1＋2－3	5	6＝4－5
6	一般项目加计抵减额计算						
7	即征即退项目加计抵减额计算						
8	合计						

表 2-7　　　　　　　　　增值税纳税申报表附列资料(五)
　　　　　　　　　　　　　　(不动产分期抵扣计算表)

税款所属时间:自　　年　月　日至　　年　月　日

纳税人名称:(公章)　　　　　　　　　　　　　　　　　　　金额单位:元(列至角分)

期初待抵扣不动产进项税额	本期不动产进项税额增加额	本期可抵扣不动产进项税额	本期转入的待抵扣不动产进项税额	本期转出的待抵扣不动产进项税额	期末待抵扣不动产进项税额
1	2	3≤1＋2＋4	4	5≤1＋4	6＝1＋2－3＋4－5

表 2-8　　　　　　　　　　　增值税减免税申报明细表

税款所属时间：自　年　月　日至　年　月　日

纳税人名称(公章)：　　　　　　　　　　　　　　　　　　金额单位：元(列至角分)

一、减税项目

减税性质代码及名称	栏次	期初余额	本期发生额	本期应抵减税额	本期实际抵减税额	期末余额
		1	2	3＝1＋2	4≤3	5＝3－4
合计	1					
	2					
	3					
	4					
	5					
	6					

二、免税项目

免税性质代码及名称	栏次	免征增值税项目销售额	免税销售额扣除项目本期实际扣除金额	扣除后免税销售额	免税销售额对应的进项税额	免税额
		1	2	3＝1－2	4	5
合计	7					
出口免税	8					
其中:跨境服务	9	—	—	—	—	—
	10					
	11					
	12					
	13					
	14					
	15					
	16					

《增值税纳税申报表(一般纳税人适用)》及其附列资料填写说明

本纳税申报表及其附列资料填写说明(以下简称本表及填写说明)适用于增值税一般纳税人(以下简称纳税人)。

一、名词解释

(一)本表及填写说明所称"货物"，是指增值税的应税货物。

(二)本表及填写说明所称"劳务"，是指增值税的应税加工、修理、修配劳务。

(三)本表及填写说明所称"服务、不动产和无形资产"，是指销售服务、不动产和无形资产。

(四)本表及填写说明所称"按适用税率计税""按适用税率计算"和"一般计税方法"，均指按"应纳税额＝当期销项税额－当期进项税额"公式计算增值税应纳税额的计税方法。

(五)本表及填写说明所称"按简易办法计税""按简易征收办法计算"和"简易计税方法"，均指按"应纳税额＝销售额×征收率"公式计算增值税应纳税额的计税方法。

(六)本表及填写说明所称"扣除项目"，是指纳税人销售服务、不动产和无形资产，在确定销售额时，按照有关规定允许其从取得的全部价款和价外费用中扣除价款的项目。

二、《增值税纳税申报表(一般纳税人适用)》填写说明

(一)"税款所属时间":指纳税人申报的增值税应纳税额的所属时间,应填写具体的起止年、月、日。

(二)"填表日期":指纳税人填写本表的具体日期。

(三)"纳税人识别号(统一社会信用代码)":填写纳税人的税务登记证件号码(统一社会信用代码)。

(四)"所属行业":按照国民经济行业分类与代码中的小类行业填写。

(五)"纳税人名称":填写纳税人单位名称全称。

(六)"法定代表人姓名":填写纳税人法定代表人的姓名。

(七)"注册地址":填写纳税人税务登记证件所注明的详细地址。

(八)"经营地址":填写纳税人实际生产经营地的详细地址。

(九)"开户银行及账号":填写纳税人开户银行的名称和纳税人在该银行的结算账户号码。

(十)"企业登记注册类型":按纳税人税务登记证件的栏目内容填写。

(十一)"电话号码":填写可联系到纳税人的常用电话号码。

(十二)"即征即退项目"列:填写纳税人按规定享受增值税即征即退政策的货物、劳务和服务、不动产、无形资产的征(退)税数据。

(十三)"一般项目"列:填写除享受增值税即征即退政策以外的货物、劳务和服务、不动产、无形资产的征(免)税数据。

(十四)"本年累计"列:一般填写本年度内各月"本月数"之和。其中,第13、20、25、32、36、38栏及第18栏"实际抵扣税额""一般项目"列的"本年累计"分别按本填写说明第(二十七)(三十四)(三十九)(四十六)(五十)(五十二)(三十二)条要求填写。

(十五)第1栏"(一)按适用税率计税销售额":填写纳税人本期按一般计税方法计算缴纳增值税的销售额,包含:在财务上不作销售但按税法规定应缴纳增值税的视同销售和价外费用的销售额;外贸企业作价销售进料加工复出口货物的销售额;税务、财政、审计部门检查后按一般计税方法计算调整的销售额。

营业税改征增值税的纳税人,服务、不动产和无形资产有扣除项目的,本栏应填写扣除之前的不含税销售额。

本栏"一般项目"列"本月数"=《附列资料(一)》第9列第1至5行之和-第9列第6、7行之和;

本栏"即征即退项目"列"本月数"=《附列资料(一)》第9列第6、7行之和。

(十六)第2栏"其中:应税货物销售额":填写纳税人本期按适用税率计算增值税的应税货物的销售额。包含在财务上不作销售但按税法规定应缴纳增值税的视同销售货物和价外费用销售额,以及外贸企业作价销售进料加工复出口货物的销售额。

(十七)第3栏"应税劳务销售额":填写纳税人本期按适用税率计算增值税的应税劳务的销售额。

(十八)第4栏"纳税检查调整的销售额":填写纳税人因税务、财政、审计部门检查,并按一般计税方法在本期计算调整的销售额。但享受增值税即征即退政策的货物、劳务和服务、不动产、无形资产,经纳税检查属于偷税的,不填入"即征即退项目"列,而应填入"一般项目"列。

营业税改征增值税的纳税人,服务、不动产和无形资产有扣除项目的,本栏应填写扣除之前的不含税销售额。

本栏"一般项目"列"本月数"=《附列资料(一)》第7列第1至5行之和。

(十九)第5栏"按简易办法计税销售额":填写纳税人本期按简易计税方法计算增值税的销售额。包含纳税检查调整按简易计税方法计算增值税的销售额。

营业税改征增值税的纳税人,服务、不动产和无形资产有扣除项目的,本栏应填写扣除之前的不含税销售额;服务、不动产和无形资产按规定汇总计算缴纳增值税的分支机构,其当期按预征率计算缴纳增值税的销售额也填入本栏。

本栏"一般项目"列"本月数"≥《附列资料(一)》第9列第8至13b行之和-第9列第14、15行之和;

本栏"即征即退项目"列"本月数"≥《附列资料(一)》第9列第14、15行之和。

(二十)第6栏"其中:纳税检查调整的销售额":填写纳税人因税务、财政、审计部门检查,并按简易计税方法在本期计算调整的销售额。但享受增值税即征即退政策的货物、劳务和服务、不动产、无形资产,经纳税检查属于偷税的,

不填入"即征即退项目"列,而应填入"一般项目"列。

营业税改征增值税的纳税人,服务、不动产和无形资产有扣除项目的,本栏应填写扣除之前的不含税销售额。

(二十一)第7栏"免、抵、退办法出口销售额":填写纳税人本期适用免、抵、退税办法的出口货物、劳务和服务、无形资产的销售额。

营业税改征增值税的纳税人,服务、无形资产有扣除项目的,本栏应填写扣除之前的销售额。

本栏"一般项目"列"本月数"=《附列资料(一)》第9列第16,17行之和。

(二十二)第8栏"免税销售额":填写纳税人本期按照税法规定免征增值税的销售额和适用零税率的销售额,但零税率的销售额中不包括适用免、抵、退税办法的销售额。

营业税改征增值税的纳税人,服务、不动产和无形资产有扣除项目的,本栏应填写扣除之前的免税销售额。

本栏"一般项目"列"本月数"=《附列资料(一)》第9列第18、19行之和。

(二十三)第9栏"其中:免税货物销售额":填写纳税人本期按照税法规定免征增值税的货物销售额及适用零税率的货物销售额,但零税率的销售额中不包括适用免、抵、退税办法出口货物的销售额。

(二十四)第10栏"免税劳务销售额":填写纳税人本期按照税法规定免征增值税的劳务销售额及适用零税率的劳务销售额,但零税率的销售额中不包括适用免、抵、退税办法的劳务的销售额。

(二十五)第11栏"销项税额":填写纳税人本期按一般计税方法计税的货物、劳务和服务、不动产、无形资产的销项税额。

营业税改征增值税的纳税人,服务、不动产和无形资产有扣除项目的,本栏应填写扣除之后的销项税额。

本栏"一般项目"列"本月数"=《附列资料(一)》(第10列第1,3行之和-第10列第6行)+(第14列第2、4、5行之和-第14列第7行);

本栏"即征即退项目"列"本月数"=《附列资料(一)》第10列第6行+第14列第7行。

(二十六)第12栏"进项税额":填写纳税人本期申报抵扣的进项税额。

本栏"一般项目"列"本月数"+"即征即退项目"列"本月数"=《附列资料(二)》第12栏"税额"。

(二十七)第13栏"上期留抵税额":"本月数"按上一税款所属期申报表第20栏"期末留抵税额""本月数"填写。本栏"一般项目"列"本年累计"不填写。

(二十八)第14栏"进项税额转出":填写纳税人已经抵扣,但按税法规定本期应转出的进项税额。

本栏"一般项目"列"本月数"+"即征即退项目"列"本月数"=《附列资料(二)》第13栏"税额"。

(二十九)第15栏"免、抵、退应退税额":反映税务机关退税部门按照出口货物、劳务和服务、无形资产免、抵、退办法审批的增值税应退税额。

(三十)第16栏"按适用税率计算的纳税检查应补缴税额":填写税务、财政、审计部门检查,按一般计税方法计算的纳税检查应补缴的增值税税额。

本栏"一般项目"列"本月数"≤《附列资料(一)》第8列第1至5行之和+《附列资料(二)》第19栏。

(三十一)第17栏"应抵扣税额合计":填写纳税人本期应抵扣进项税额的合计数。按表中所列公式计算填写。

(三十二)第18栏"实际抵扣税额":"本月数"按表中所列公式计算填写。本栏"一般项目"列"本年累计"不填写。

(三十三)第19栏"应纳税额":反映纳税人本期按一般计税方法计算并应缴纳的增值税税额。

1.适用加计抵减政策的纳税人,按以下公式填写。

本栏"一般项目"列"本月数"=第11栏"销项税额""一般项目"列"本月数"-第18栏"实际抵扣税额""一般项目"列"本月数"-"实际抵减额";

本栏"即征即退项目"列"本月数"=第11栏"销项税额""即征即退项目"列"本月数"-第18栏"实际抵扣税额""即征即退项目"列"本月数"-"实际抵减额"。

适用加计抵减政策的纳税人是指,按照规定计提加计抵减额,并可从本期适用一般计税方法计算的应纳税额中抵减的纳税人(下同)。"实际抵减额"是指按照规定可从本期适用一般计税方法计算的应纳税额中抵减的加计抵减额,分别对应《附列资料(四)》第6行"一般项目加计抵减额计算"、第7行"即征即退项目加计抵减额计算"的"本期实际抵减额"列。

2.其他纳税人按表中所列公式填写。

(三十四)第20栏"期末留抵税额":"本月数"按表中所列公式填写。本栏"一般项目"列"本年累计"不填写。

(三十五)第21栏"按简易计税办法计算的应纳税额":反映纳税人本期按简易计税方法计算并应缴纳的增值税税额,但不包括按简易计税方法计算的纳税检查应补缴税款。按以下公式计算填写:

本栏"一般项目"列"本月数"=《附列资料(一)》(第10列第8、9a、10、11行之和－第10列第14行)+(第14列第9b、12、13a、13b行之和－第14列第15行);

本栏"即征即退项目"列"本月数"=《附列资料(一)》第10列第14行+第14列第15行。

营业税改征增值税的纳税人,服务、不动产和无形资产按规定汇总计算缴纳增值税的分支机构,应将预征增值税税额填入本栏。预征增值税额=应预征增值税的销售额×预征率。

(三十六)第22栏"按简易计税办法计算的纳税检查应补缴税额":填写纳税人本期因税务、财政、审计部门检查并按简易计税方法计算的纳税检查应补缴税额。

(三十七)第23栏"应纳税额减征额":填写纳税人本期按照税法规定减征的增值税应纳税额。包含按照规定可在增值税应纳税额中全额抵减的增值税税控系统专用设备费用以及技术维护费。

当本期减征额小于或等于第19栏"应纳税额"与第21栏"按简易计税办法计算的应纳税额"之和时,按本期减征额实际填写;当本期减征额大于第19栏"应纳税额"与第21栏"按简易计税办法计算的应纳税额"之和时,按本期第19栏与第21栏之和填写。本期减征额不足抵减部分结转下期继续抵减。

(三十八)第24栏"应纳税额合计":反映纳税人本期应缴增值税的合计数。按表中所列公式计算填写。

(三十九)第25栏"期初未缴税额(多缴为负数)":"本月数"按上一税款所属期申报表第32栏"期末未缴税额(多缴为负数)""本月数"填写。"本年累计"按上年度最后一个税款所属期申报表第32栏"期末未缴税额(多缴为负数)""本年累计"填写。

(四十)第26栏"实收出口开具专用缴款书退税额":本栏不填写。

(四十一)第27栏"本期已缴税额":反映纳税人本期实际缴纳的增值税税款,但不包括本期入库的查补税款。按表中所列公式计算填写。

(四十二)第28栏"①分次预缴税额":填写纳税人本期已缴纳的准予在本期增值税应纳税额中抵减的税额。

营业税改征增值税的纳税人,分以下几种情况填写:

1.服务、不动产和无形资产按规定汇总计算缴纳增值税的总机构,其可以从本期增值税应纳税额中抵减的分支机构已缴纳的税款,按当期实际可抵减数填入本栏,不足抵减部分结转下期继续抵减。

2.销售建筑服务并按规定预缴增值税的纳税人,其可以从本期增值税应纳税额中抵减的已缴纳的税款,按当期实际可抵减数填入本栏,不足抵减部分结转下期继续抵减。

3.销售不动产并按规定预缴增值税的纳税人,其可以从本期增值税应纳税额中抵减的已缴纳的税款,按当期实际可抵减数填入本栏,不足抵减部分结转下期继续抵减。

4.出租不动产并按规定预缴增值税的纳税人,其可以从本期增值税应纳税额中抵减的已缴纳的税款,按当期实际可抵减数填入本栏,不足抵减部分结转下期继续抵减。

(四十三)第29栏"②出口开具专用缴款书预缴税额":本栏不填写。

(四十四)第30栏"③本期缴纳上期应纳税额":填写纳税人本期缴纳上一税款所属期应缴未缴的增值税税额。

(四十五)第31栏"④本期缴纳欠缴税额":反映纳税人本期实际缴纳和留抵税额抵减的增值税欠税额,但不包括缴纳入库的查补增值税税款。

(四十六)第32栏"期末未缴税额(多缴为负数)":"本月数"反映纳税人本期期末应缴未缴的增值税税额,但不包括纳税检查应缴未缴的税款。按表中所列公式计算填写。"本年累计"与"本月数"相同。

(四十七)第33栏"其中:欠缴税额(≥0)":反映纳税人按照税法规定已形成欠税的增值税税额。按表中所列公式计算填写。

(四十八)第34栏"本期应补(退)税额":反映纳税人本期应纳税额中应补缴或应退回的数额。按表中所列公式计算填写。

(四十九)第35栏"即征即退实际退税额":反映纳税人本期因符合增值税即征即退政策规定,而实际收到的税务机关退回的增值税税额。

(五十)第36栏"期初未缴查补税额":"本月数"按上一税款所属期申报表第38栏"期末未缴查补税额""本月数"填写。"本年累计"按上年度最后一个税款所属期申报表第38栏"期末未缴查补税额""本年累计"填写。

(五十一)第37栏"本期入库查补税额":反映纳税人本期因税务、财政、审计部门检查而实际入库的增值税税额,包括按一般计税方法计算并实际缴纳的查补增值税税额和按简易计税方法计算并实际缴纳的查补增值税税额。

(五十二)第38栏"期末未缴查补税额":"本月数"反映纳税人接受纳税检查后应在本期期末缴纳而未缴纳的查补增值税税额。按表中所列公式计算填写,"本年累计"与"本月数"相同。

三、《增值税纳税申报表附列资料(一)》(本期销售情况明细)填写说明

(一)"税款所属时间""纳税人名称"的填写同《增值税纳税申报表(一般纳税人适用)》(以下简称主表)。

(二)各列说明

1.第1至2列"开具增值税专用发票":反映本期开具增值税专用发票(含税控机动车销售统一发票,下同)的情况。

2.第3至4列"开具其他发票":反映除增值税专用发票以外本期开具的其他发票的情况。

3.第5至6列"未开具发票":反映本期未开具发票的销售情况。

4.第7至8列"纳税检查调整":反映经税务、财政、审计部门检查并在本期调整的销售情况。

5.第9至11列"合计":按照表中所列公式填写。

营业税改征增值税的纳税人,服务、不动产和无形资产有扣除项目的,第1至11列应填写扣除之前的征(免)税销售额、销项(应纳)税额和价税合计额。

6.第12列"服务、不动产和无形资产扣除项目本期实际扣除金额":营业税改征增值税的纳税人,服务、不动产和无形资产有扣除项目的,按《附列资料(三)》第5列对应各行次数据填写,其中本列第5栏等于《附列资料(三)》第5列第3行与第4行之和;服务、不动产和无形资产无扣除项目的,本列填写"0"。其他纳税人不填写。

营业税改征增值税的纳税人,服务、不动产和无形资产按规定汇总计算缴纳增值税的分支机构,当期服务、不动产和无形资产有扣除项目的,填入本列第13行。

7.第13列"扣除后""含税(免税)销售额":营业税改征增值税的纳税人,服务、不动产和无形资产有扣除项目的,本列各行次=第11列对应各行次-第12列对应各行次。其他纳税人不填写。

8.第14列"扣除后""销项(应纳)税额":营业税改征增值税的纳税人,按以下要求填写本列,其他纳税人不填写。

(1)服务、不动产和无形资产按照一般计税方法计税

本列第2行、第4行:若本行第12列为0,则该行次第14列等于第10列。若本行第12列不为0,则仍按照第14列所列公式计算。计算后的结果与纳税人实际计提销项税额有差异的,按实填写。

本列第5行=第13列÷(100%+对应行次税率)×对应行次税率。

本列第7行"按一般计税方法计税的即征即退服务、不动产和无形资产"具体填写要求见"各行说明"第2条第(2)项第③点的说明。

(2)服务、不动产和无形资产按照简易计税方法计税

本列各行次=第13列÷(100%+对应行次征收率)×对应行次征收率。

本列第13行"预征率 %"不按本列的说明填写。具体填写要求见"各行说明"第4条第(2)项。

(3)服务、不动产和无形资产实行免抵退税或免税的,本列不填写。

(三)各行说明

1.第1至5行"一、一般计税方法计税""全部征税项目"各行:按不同税率和项目分别填写按一般计税方法计算增值税的全部征税项目。有即征即退税项目的纳税人,本部分数据中既包括即征即退税项目,又包括不享受即征即退政策的一般征税项目。

2.第6至7行"一、一般计税方法计税""其中:即征即退项目"各行:只反映按一般计税方法计算增值税的即征即退项目。按照税法规定不享受即征即退政策的纳税人,不填写本行。即征即退项目是全部征税项目的其中数。

(1)第6行"即征即退货物及加工修理修配劳务":反映按一般计税方法计算增值税且享受即征即退政策的货物和加工修理修配劳务。本行不包括服务、不动产和无形资产的内容。

①本行第9列"合计""销售额"栏:反映按一般计税方法计算增值税且享受即征即退政策的货物及加工修理修配劳务的不含税销售额。该栏不按第9列所列公式计算,应按照税法规定据实填写。

②本行第10列"合计""销项(应纳)税额"栏:反映按一般计税方法计算增值税且享受即征即退政策的货物及加

工修理修配劳务的销项税额。该栏不按第10列所列公式计算,应按照税法规定据实填写。

(2)第7行"即征即退服务、不动产和无形资产":反映按一般计税方法计算增值税且享受即征即退政策的服务、不动产和无形资产。本行不包括货物及加工修理修配劳务的内容。

①本行第9列"合计""销售额"栏:反映按一般计税方法计算增值税且享受即征即退政策的服务、不动产和无形资产的不含税销售额。服务、不动产和无形资产有扣除项目的,按扣除之前的不含税销售额填写。该栏不按第9列所列公式计算,应按照税法规定据实填写。

②本行第10列"合计""销项(应纳)税额"栏:反映按一般计税方法计算增值税且享受即征即退政策的服务、不动产和无形资产的销项税额。服务、不动产和无形资产有扣除项目的,按扣除之前的销项税额填写。该栏不按第10列所列公式计算,应按照税法规定据实填写。

③本行第14列"扣除后""销项(应纳)税额"栏:反映按一般计税方法征收增值税且享受即征即退政策的服务、不动产和无形资产实际应计提的销项税额。服务、不动产和无形资产有扣除项目的,按扣除之后的销项税额填写;服务、不动产和无形资产无扣除项目的,按本行第10列填写。该栏不按第14列所列公式计算,应按照税法规定据实填写。

3.第8至12行"二、简易计税方法计税""全部征税项目"各行:按不同征收率和项目分别填写按简易计税方法计算增值税的全部征税项目。有即征即退征税项目的纳税人,本部分数据中既包括即征即退项目,也包括不享受即征即退政策的一般征税项目。

4.第13a至13c行"二、简易计税方法计税""预征率%":反映营业税改征增值税的纳税人,服务、不动产和无形资产按规定汇总计算缴纳增值税的分支机构,预征增值税销售额、预征增值税应纳税额。其中,第13a行"预征率%"适用于所有实行汇总计算缴纳增值税的分支机构纳税人;第13b、13c行"预征率%"适用于部分实行汇总计算缴纳增值税的铁路运输纳税人。

(1)第13a至13c行第1至6列按照销售额和销项税额的实际发生数填写。

(2)第13a至13c行第14列,纳税人按"应预征缴纳的增值税=应预征增值税销售额×预征率"公式计算后据实填写。

5.第14至15行"二、简易计税方法计税""其中:即征即退项目"各行:只反映按简易计税方法计算增值税的即征即退项目。按照税法规定不享受即征即退政策的纳税人,不填写本行。即征即退项目是全部征税项目的其中数。

(1)第14行"即征即退货物及加工修理修配劳务":反映按简易计税方法计算增值税且享受即征即退政策的货物及加工修理修配劳务。本行不包括服务、不动产和无形资产的内容。

①本行第9列"合计""销售额"栏:反映按简易计税方法计算增值税且享受即征即退政策的货物及加工修理修配劳务的不含税销售额。该栏不按第9列所列公式计算,应按照税法规定据实填写。

②本行第10列"合计""销项(应纳)税额"栏:反映按简易计税方法计算增值税且享受即征即退政策的货物及加工修理修配劳务的应纳税额。该栏不按第10列所列公式计算,应按照税法规定据实填写。

(2)第15行"即征即退服务、不动产和无形资产":反映按简易计税方法计算增值税且享受即征即退政策的服务、不动产和无形资产。本行不包括货物及加工修理修配劳务的内容。

①本行第9列"合计""销售额"栏:反映按简易计税方法计算增值税且享受即征即退政策的服务、不动产和无形资产的不含税销售额。服务、不动产和无形资产有扣除项目的,按扣除之前的不含税销售额填写。该栏不按第9列所列公式计算,应按照税法规定据实填写。

②本行第10列"合计""销项(应纳)税额"栏:反映按简易计税方法计算增值税且享受即征即退政策的服务、不动产和无形资产的应纳税额。服务、不动产和无形资产有扣除项目的,按扣除之前的应纳税额填写。该栏不按第10列所列公式计算,应按照税法规定据实填写。

③本行第14列"扣除后""销项(应纳)税额"栏:反映按简易计税方法计算增值税且享受即征即退政策的服务、不动产和无形资产实际应计提的应纳税额。服务、不动产和无形资产有扣除项目的,按扣除之后的应纳税额填写;服务、不动产和无形资产无扣除项目的,按本行第10列填写。

6.第16行"三、免抵退税""货物及加工修理修配劳务":反映适用免、抵、退税政策的出口货物、加工修理修配劳务。

7.第17行"三、免抵退税""服务、不动产和无形资产":反映适用免、抵、退税政策的服务、不动产和无形资产。

8.第18行"四、免税""货物及加工修理修配劳务":反映按照税法规定免征增值税的货物及劳务和适用零税率的出口货物及劳务,但零税率的销售额中不包括适用免、抵、退税办法的出口货物及劳务。

9.第19行"四、免税""服务、不动产和无形资产":反映按照税法规定免征增值税的服务、不动产、无形资产和适用零税率的服务、不动产、无形资产,但零税率的销售额中不包括适用免、抵、退税办法的服务、不动产和无形资产。

四、《增值税纳税申报表附列资料(二)》(本期进项税额明细)填写说明

(一)"税款所属时间""纳税人名称"的填写同主表。

(二)第1至12栏"一、申报抵扣的进项税额":分别反映纳税人按税法规定符合抵扣条件,在本期申报抵扣的进项税额。

1.第1栏"(一)认证相符的增值税专用发票":反映纳税人取得的认证相符本期申报抵扣的增值税专用发票情况。该栏应等于第2栏"本期认证相符且本期申报抵扣"与第3栏"前期认证相符且本期申报抵扣"数据之和。适用取消增值税发票认证规定的纳税人,通过增值税发票选择确认平台选择用于抵扣的增值税专用发票,视为"认证相符"(下同)。

2.第2栏"其中:本期认证相符且本期申报抵扣":反映本期认证相符且本期申报抵扣的增值税专用发票的情况。本栏是第1栏的其中数,本栏只填写本期认证相符且本期申报抵扣的部分。

3.第3栏"前期认证相符且本期申报抵扣":反映前期认证相符且本期申报抵扣的增值税专用发票的情况。辅导期纳税人依据税务机关告知的稽核比对结果通知书及明细清单注明的稽核相符的增值税专用发票填写本栏。本栏是第1栏的其中数。

纳税人本期申报抵扣的收费公路通行费增值税电子普通发票(以下简称通行费电子发票)应当填写在第1至3栏对应栏次中。

第1至3栏中涉及的增值税专用发票均不包含从小规模纳税人处购进农产品时取得的增值税专用发票,但购进农产品未分别核算用于生产销售13%税率货物和其他货物服务的农产品进项税额情况除外。

4.第4栏"(二)其他扣税凭证":反映本期申报抵扣的除增值税专用发票之外的其他扣税凭证的情况。具体包括:海关进口增值税专用缴款书、农产品收购发票或者销售发票(含农产品核定扣除的进项税额)、代扣代缴税收完税凭证、加计扣除农产品进项税额和其他符合政策规定的扣税凭证。该栏应等于第5至8b栏之和。

5.第5栏"海关进口增值税专用缴款书":反映本期申报抵扣的海关进口增值税专用缴款书的情况。按规定执行海关进口增值税专用缴款书先比对后抵扣的,纳税人需依据税务机关告知的稽核比对结果通知书及明细清单注明的稽核相符的海关进口增值税专用缴款书填写本栏。

6.第6栏"农产品收购发票或者销售发票":反映纳税人本期购进农业生产者自产农产品取得(开具)的农产品收购发票或者销售发票情况。从小规模纳税人处购进农产品时取得增值税专用发票情况填写在本栏,但购进农产品未分别核算用于生产销售13%税率货物和其他货物服务的农产品进项税额情况除外。

"税额"栏=农产品销售发票或者收购发票上注明的农产品买价×9%+增值税专用发票上注明的金额×9%。

上述公式中的"增值税专用发票"是指纳税人从小规模纳税人处购进农产品时取得的专用发票。

执行农产品增值税进项税额核定扣除办法的,填写当期允许抵扣的农产品增值税进项税额,不填写"份数""金额"。

7.第7栏"代扣代缴税收缴款凭证":填写本期按规定准予抵扣的完税凭证上注明的增值税税额。

8.第8a栏"加计扣除农产品进项税额":填写纳税人将购进的农产品用于生产销售或委托受托加工13%税率货物时加计扣除的农产品进项税额。该栏不填写"份数""金额"。

9.第8b栏"其他":反映按规定本期可以申报抵扣的其他扣税凭证情况。

纳税人按规定不得抵扣且未抵扣进项税额的固定资产、无形资产、不动产,发生用途改变,用于允许抵扣进项税额的应税项目,可在用途改变的次月将按公式计算出的可以抵扣的进项税额,填入本栏"税额"中。

10.第9栏"(三)本期用于购建不动产的扣税凭证":反映按规定本期用于购建不动产的扣税凭证上注明的金额和税额。

购建不动产是指纳税人2016年5月1日后取得并在会计制度上按固定资产核算的不动产或者2016年5月1日后取得的不动产在建工程。取得不动产,包括以直接购买、接受捐赠、接受投资入股、自建以及抵债等各种形式取得不动产,不包括房地产开发企业自行开发的房地产项目。

本栏次包括第1栏中本期用于购建不动产的增值税专用发票和第4栏中本期用于购建不动产的其他扣税凭证。

本栏"金额""税额"≥0。

11.第10栏"(四)本期用于抵扣的旅客运输服务扣税凭证":反映按规定本期购进旅客运输服务,所取得的扣税凭证上注明或按规定计算的金额和税额。

本栏次包括第1栏中按规定本期允许抵扣的购进旅客运输服务取得的增值税专用发票和第4栏中按规定本期允许抵扣的购进旅客运输服务取得的其他扣税凭证。

本栏"金额""税额"≥0。

第9栏"(三)本期用于购建不动产的扣税凭证"+第10栏"(四)本期用于抵扣的旅客运输服务扣税凭证"税额≤第1栏"认证相符的增值税专用发票"+第4栏"其他扣税凭证"税额。

12.第11栏"(五)外贸企业进项税额抵扣证明":填写本期申报抵扣的税务机关出口退税部门开具的《出口货物转内销证明》列明允许抵扣的进项税额。

13.第12栏"当期申报抵扣进项税额合计":反映本期申报抵扣进项税额的合计数。按表中所列公式计算填写。

(三)第13至23栏"二、进项税额转出额"各栏:分别反映纳税人已经抵扣但按规定应在本期转出的进项税额明细情况。

1.第13栏"本期进项税额转出额":反映已经抵扣但按规定应在本期转出的进项税额合计数。按表中所列公式计算填写。

2.第14栏"免税项目用":反映用于免征增值税项目,按规定应在本期转出的进项税额。

3.第15栏"集体福利、个人消费":反映用于集体福利或者个人消费,按规定应在本期转出的进项税额。

4.第16栏"非正常损失":反映纳税人发生非正常损失,按规定应在本期转出的进项税额。

5.第17栏"简易计税方法征税项目用":反映用于简易计税方法征税项目,按规定应在本期转出的进项税额。

营业税改征增值税的纳税人,服务、不动产和无形资产按规定汇总计算缴纳增值税的分支机构,当期应由总机构汇总的进项税额也填入本栏。

6.第18栏"免抵退税办法不得抵扣的进项税额":反映按照免、抵、退税办法的规定,由于征税税率与退税税率存在税率差,在本期应转出的进项税额。

7.第19栏"纳税检查调减进项税额":反映税务、财政、审计部门检查后而调减的进项税额。

8.第20栏"红字专用发票信息表注明的进项税额":填写增值税发票管理系统校验通过的《开具红字增值税专用发票信息表》注明的在本期应转出的进项税额。

9.第21栏"上期留抵税额抵减欠税":填写本期经税务机关同意,使用上期留抵税额抵减欠税的数额。

10.第22栏"上期留抵税额退税":填写本期经税务机关批准的上期留抵税额退税额。

11.第23栏"其他应作进项税额转出的情形":反映除上述进项税额转出情形外,其他应在本期转出的进项税额。

(四)第24至34栏"三、待抵扣进项税额"各栏:分别反映纳税人已经取得,但按税法规定不符合抵扣条件,暂不予在本期申报抵扣的进项税额情况及按税法规定不允许抵扣的进项税额情况。

1.第24至28栏涉及的增值税专用发票均不包括从小规模纳税人处购进农产品时取得的增值税专用发票,但购进农产品未分别核算用于生产销售13%税率货物和其他货物服务的农产品进项税额情况除外。

2.第25栏"期初已认证相符但未申报抵扣":反映前期认证相符,但按照税法规定暂不予抵扣及不允许抵扣,结存至本期的增值税专用发票情况。辅导期纳税人填写认证相符但未收到稽核比对结果的增值税专用发票期初情况。

3.第26栏"本期认证相符且本期未申报抵扣":反映本期认证相符,但按税法规定暂不予抵扣及不允许抵扣,而未申报抵扣的增值税专用发票情况。辅导期纳税人填写本期认证相符但未收到稽核比对结果的增值税专用发票情况。

4.第27栏"期末已认证相符但未申报抵扣":反映截至本期期末,按照税法规定仍暂不予抵扣及不允许抵扣且已认证相符的增值税专用发票情况。辅导期纳税人填写截至本期期末已认证相符但未收到稽核比对结果的增值税专用发票期末情况。

5.第28栏"其中:按照税法规定不允许抵扣":反映截至本期期末已认证相符但未申报抵扣的增值税专用发票中,按照税法规定不允许抵扣的增值税专用发票情况。

纳税人本期期末已认证相符待抵扣的通行费电子发票应当填写在第24至28栏对应栏次中。

6. 第29栏"(二)其他扣税凭证":反映截至本期期末仍未申报抵扣的除增值税专用发票之外的其他扣税凭证情况。具体包括:海关进口增值税专用缴款书、农产品收购发票或者销售发票、代扣代缴税收完税凭证和其他符合政策规定的扣税凭证。该栏应等于第30至33栏之和。

7. 第30栏"海关进口增值税专用缴款书":反映已取得但截至本期期末仍未申报抵扣的海关进口增值税专用缴款书情况,包括纳税人未收到稽核比对结果的海关进口增值税专用缴款书情况。

8. 第31栏"农产品收购发票或者销售发票":反映已取得但截至本期期末仍未申报抵扣的农产品收购发票或者农产品销售发票情况。从小规模纳税人处购进农产品时取得增值税专用发票情况填写在本栏,但购进农产品未分别核算用于生产销售13%税率货物和其他货物服务的农产品进项税额情况除外。

9. 第32栏"代扣代缴税收缴款凭证":反映已取得但截至本期期末仍未申报抵扣的代扣代缴税收完税凭证情况。

10. 第33栏"其他":反映已取得但截至本期期末仍未申报抵扣的其他扣税凭证的情况。

(五)第35至36栏"四、其他"各栏。

1. 第35栏"本期认证相符的增值税专用发票":反映本期认证相符的增值税专用发票的情况。纳税人本期认证相符的通行费电子发票应当填写在本栏次中。

2. 第36栏"代扣代缴税额":填写纳税人根据《中华人民共和国增值税暂行条例》第十八条扣缴的应税劳务增值税税额与根据营业税改征增值税有关政策规定扣缴的服务、不动产和无形资产增值税税额之和。

五、《增值税纳税申报表附列资料(三)》(服务、不动产和无形资产扣除项目明细)填写说明

(一)本表由服务、不动产和无形资产有扣除项目的营业税改征增值税纳税人填写。其他纳税人不填写。

(二)"税款所属时间""纳税人名称"的填写同主表。

(三)第1列"本期服务、不动产和无形资产价税合计额(免税销售额)":营业税改征增值税的服务、不动产和无形资产属于征税项目的,填写扣除之前的本期服务、不动产和无形资产价税合计额;营业税改征增值税的服务、不动产和无形资产属于免抵退税或免税项目的,填写扣除之前的本期服务、不动产和无形资产免税销售额。本列各行次等于《附列资料(一)》第11列对应行次,其中本列第3行和第4行之和等于《附列资料(一)》第11列第5栏。

营业税改征增值税的纳税人,服务、不动产和无形资产按规定汇总计算缴纳增值税的分支机构,本列各行次之和等于《附列资料(一)》第11列第13a、13b行之和。

(四)第2列"服务、不动产和无形资产扣除项目""期初余额":填写服务、不动产和无形资产扣除项目上期期末结存的金额,试点实施之日的税款所属期填写"0"。本列各行次等于上期《附列资料(三)》第6列对应行次。

本列第4行"6%税率的金融商品转让项目""期初余额"年初首期填报时应填"0"。

(五)第3列"服务、不动产和无形资产扣除项目""本期发生额":填写本期取得的按税法规定准予扣除的服务、不动产和无形资产扣除项目金额。

(六)第4列"服务、不动产和无形资产扣除项目""本期应扣除金额":填写服务、不动产和无形资产扣除项目本期应扣除的金额。

本列各行次=第2列对应各行次+第3列对应各行次。

(七)第5列"服务、不动产和无形资产扣除项目""本期实际扣除金额":填写服务、不动产和无形资产扣除项目本期实际扣除的金额。

本列各行次≤第4列对应各行次,且本列各行次≤第1列对应各行次。

(八)第6列"服务、不动产和无形资产扣除项目""期末余额":填写服务、不动产和无形资产扣除项目本期期末结存的金额。

本列各行次=第4列对应各行次-第5列对应各行次。

六、《增值税纳税申报表附列资料(四)》(税额抵减情况表)填写说明

(一)税额抵减情况

1. 本表第1行由发生增值税税控系统专用设备费用和技术维护费的纳税人填写,反映纳税人增值税税控系统专用设备费用和技术维护费按规定抵减增值税应纳税额的情况。

2. 本表第2行由营业税改征增值税纳税人,服务、不动产和无形资产按规定汇总计算缴纳增值税的总机构填写,

反映其分支机构预征缴纳税款抵减总机构应纳增值税税额的情况。

3.本表第3行由销售建筑服务并按规定预缴增值税的纳税人填写,反映其销售建筑服务预征缴纳税款抵减应纳增值税税额的情况。

4.本表第4行由销售不动产并按规定预缴增值税的纳税人填写,反映其销售不动产预征缴纳税款抵减应纳增值税税额的情况。

5.本表第5行由出租不动产并按规定预缴增值税的纳税人填写,反映其出租不动产预征缴纳税款抵减应纳增值税税额的情况。

(二)加计抵减情况

本表第6至8行仅限适用加计抵减政策的纳税人填写,反映其加计抵减情况。其他纳税人不需填写。第8行"合计"等于第6行、第7行之和。各列说明如下:

1.第1列"期初余额":填写上期期末结余的加计抵减额。

2.第2列"本期发生额":填写按照规定本期计提的加计抵减额。

3.第3列"本期调减额":填写按照规定本期应调减的加计抵减额。

4.第4列"本期可抵减额":按表中所列公式填写。

5.第5列"本期实际抵减额":反映按照规定本期实际加计抵减额,按以下要求填写。

若第4列≥0,且第4列＜主表第11栏－主表第18栏,则第5列＝第4列;

若第4列≥主表第11栏－主表第18栏,则第5列＝主表第11栏－主表第18栏;

若第4列＜0,则第5列等于0。

计算本列"一般项目加计抵减额计算"行和"即征即退项目加计抵减额计算"行时,公式中主表各栏次数据分别取主表"一般项目""本月数"列、"即征即退项目""本月数"列对应数据。

6.第6列"期末余额":填写本期结余的加计抵减额,按表中所列公式填写。

七、《增值税减免税申报明细表》填写说明

(一)本表由享受增值税减免税优惠政策的增值税一般纳税人和小规模纳税人(以下简称增值税纳税人)填写。仅享受月销售额不超过10万元(按季纳税30万元)免征增值税政策或未达起征点的增值税小规模纳税人不需填报本表,即小规模纳税人当期《增值税纳税申报表(小规模纳税人适用)》第12栏"其他免税销售额""本期数"和第16栏"本期应纳税额减征额""本期数"均无数据时,不需填报本表。

(二)"税款所属时间""纳税人名称"的填写同申报表主表,申报表主表是指《增值税纳税申报表(一般纳税人适用)》或者《增值税纳税申报表(小规模纳税人适用)》(下同)。

(三)"一、减税项目"由本期按照税收法律、法规及国家有关税收规定享受减征(包含税额式减征、税率式减征)增值税优惠的增值税纳税人填写。

1."减税性质代码及名称":根据国家税务总局最新发布的《减免性质及分类表》所列减免性质代码、项目名称填写。同时有多个减征项目的,应分别填写。

2.第1列"期初余额":填写应纳税额减征项目上期"期末余额",为对应项目上期应抵减而不足抵减的余额。

3.第2列"本期发生额":填写本期发生的按照规定准予抵减增值税应纳税额的金额。

4.第3列"本期应抵减税额":填写本期应抵减增值税应纳税额的金额。本列按表中所列公式填写。

5.第4列"本期实际抵减税额":填写本期实际抵减增值税应纳税额的金额。本列各行≤第3列对应各行。

一般纳税人填写时,第1行"合计"本列数＝申报表主表第23行"一般项目"列"本月数"。

小规模纳税人填写时,第1行"合计"本列数＝申报表主表第16行"本期应纳税额减征额""本期数"。

6.第5列"期末余额":按表中所列公式填写。

(四)"二、免税项目"由本期按照税收法律、法规及国家有关税收规定免征增值税的增值税纳税人填写。仅享受小微企业免征增值税政策或未达起征点的小规模纳税人不需填写,即小规模纳税人申报表主表第12栏"其他免税销售额""本期数"无数据时,不需填写本栏。

1."免税性质代码及名称":根据国家税务总局最新发布的《减免性质及分类表》所列减免性质代码、项目名称填写。同时有多个免税项目的,应分别填写。

2."出口免税"填写增值税纳税人本期按照税法规定出口免征增值税的销售额,但不包括适用免、抵、退税办法出口的销售额。小规模纳税人不填写本栏。

3.第1列"免征增值税项目销售额":填写增值税纳税人免税项目的销售额。免税销售额按照有关规定允许从取得的全部价款和价外费用中扣除价款的,应填写扣除之前的销售额。

一般纳税人填写时,本列"合计"等于申报表主表第8行"一般项目"列"本月数"。

4.第2列"免税销售额扣除项目本期实际扣除金额":免税销售额按照有关规定允许从取得的全部价款和价外费用中扣除价款的,据实填写扣除金额;无扣除项目的,本列填写"0"。

5.第3列"扣除后免税销售额":按表中所列公式填写。

6.第4列"免税销售额对应的进项税额":本期用于增值税免税项目的进项税额。小规模纳税人不填写本列,一般纳税人按下列情况填写:

(1)一般纳税人兼营应税和免税项目的,按当期免税销售额对应的进项税额填写;

(2)一般纳税人本期销售收入全部为免税项目,且当期取得合法扣税凭证的,按当期取得的合法扣税凭证注明或计算的进项税额填写;

(3)当期未取得合法扣税凭证的,一般纳税人可根据实际情况自行计算免税项目对应的进项税额;无法计算的,本栏次填"0"。

7.第5列"免税额":一般纳税人和小规模纳税人分别按下列公式计算填写,且本列各行数应大于或等于0。

一般纳税人公式:第5列"免税额"≤第3列"扣除后免税销售额"×适用税率—第4列"免税销售额对应的进项税额"。

小规模纳税人公式:第5列"免税额"=第3列"扣除后免税销售额"×征收率。

(二)增值税小规模纳税人纳税申报实训

1.信达有限公司基本情况如下:

信达有限公司为小规模纳税人,税率为3%,按月缴纳增值税。生产企业工商登记号是370000018065338,注册资本为100万元人民币,开户银行是中国工商银行济南市工业南路支行,账号是0101020608,纳税人识别号(统一社会信用代码)略,公司联系电话是0531-81831248,公司地址是山东省济南市工业南路90号,公司经营范围是生产销售食品,法定代表人是宋佳,财务负责人是肖冰,记账及纳税人是李梅。该公司下月初缴纳本月增值税。

2.公司2021年3月发生如下业务:

(1)6日,购入生产用原材料,内列货款11 600元,材料验收入库,款项以转账支票付讫,收到普通发票一张。

(2)20日,出售一台使用过的食品设备,设备售价为20 600元,收到转账支票一张,送存银行。食品设备原价60 000元,已计提折旧30 000元。

(3)15日,用库存现金向果农收购水果一批,法定收购凭证内列买价50 000元,同时以转账支票支付该批水果运输费1 000元,取得专业运输公司开具的运费增值税专用发票,注明增值税100元。水果按实际成本验收入库,作为企业的原材料。

(4)本月销售本公司生产的产品,取得含税销售收入41 200元,货款尚未收到,该产品成本为15 000元。

3.要求:

(1)根据以上业务计算信达有限公司3月应纳增值税。

(2)填制小规模纳税人增值税纳税申报表及附表(表2-9至表2-10)。

表 2-9　　　　　　　　　　　增值税纳税申报表
　　　　　　　　　　　　　　（小规模纳税人适用）

纳税人识别号(统一社会信用代码)：□□□□□□□□□□□□□□□□□□

纳税人名称(公章)：　　　　　　　　　　　　　　　金额单位：元(列至角分)

税款所属期：自　　年　月　日至　　年　月　日　　　填表日期：　年　月　日

	项　目	栏次	本期数		本年累计	
			货物及劳务	服务、不动产和无形资产	货物及劳务	服务、不动产和无形资产
一、计税依据	(一)应征增值税不含税销售额	1				
	税务机关代开的增值税专用发票不含税销售额	2				
	税控器具开具的普通发票不含税销售额	3				
	(二)销售、出租不动产不含税销售额	4	—		—	
	税务机关代开的增值税专用发票不含税销售额	5	—		—	
	税控器具开具的普通发票不含税销售额	6	—		—	
	(三)销售使用过的固定资产不含税销售额	7(7≥8)		—		—
	其中：税控器具开具的普通发票不含税销售额	8		—		—
	(四)免税销售额	9＝10＋11＋12				
	其中：小微企业免税销售额	10				
	未达起征点销售额	11				
	其他免税销售额	12				
	(五)出口免税销售额	13(13≥14)				
	其中：税控器具开具的普通发票销售额	14				
二、税款计算	本期应纳税额	15				
	本期应纳税额减征额	16				
	本期免税额	17				
	其中：小微企业免税额	18				
	未达起征点免税额	19				
	应纳税额合计	20＝15－16				
	本期预缴税额	21			—	—
	本期应补(退)税额	22＝20－21			—	—

纳税人或代理人声明：	如纳税人填报，由纳税人填写以下各栏：		
本纳税申报表是根据国家税收法律、法规及相关规定填报的，我确定它是真实的、可靠的、完整的。	办税人员： 法定代表人：	财务负责人： 联系电话：	
	如委托代理人填报，由代理人填写以下各栏：		
	代理人名称(公章)：	经办人：	联系电话：

主管税务机关：　　　　　　　　接收人：　　　　　　　　接收日期：

表 2-10　　　　　　　增值税纳税申报表(小规模纳税人适用)附列资料

税款所属期：自　年　月　日至　年　月　日　　　　　　　　　　填表日期：　年　月　日

纳税人名称(公章)：　　　　　　　　　　　　　　　　　　　　金额单位：元(列至角分)

服务扣除额计算			
期初余额	本期发生额	本期扣除额	期末余额
1	2	3(3≤1+2,且 3≤5)	4=1+2-3

计税销售额计算			
全部含税收入	本期扣除额	含税销售额	不含税销售额
5	6=3	7=5-6	8=7÷1.03

《增值税纳税申报表(小规模纳税人适用)》
及其附列资料填写说明

本纳税申报表及其附列资料填写说明(以下简称本表及填写说明)适用于增值税小规模纳税人(以下简称纳税人)。

一、名词解释

(一)本表及填写说明所称"货物",是指增值税的应税货物。

(二)本表及填写说明所称"劳务",是指增值税的应税加工、修理、修配劳务。

(三)本表及填写说明所称"服务、不动产和无形资产",是指销售服务、不动产和无形资产。

(四)本表及填写说明所称"扣除项目",是指纳税人销售服务、不动产,在确定销售额时,按照有关规定允许其从取得的全部价款和价外费用中扣除价款的项目。

二、《增值税纳税申报表(小规模纳税人适用)》填写说明

本表"货物及劳务"与"服务、不动产和无形资产"各项目应分别填写。

(一)"税款所属期"是指纳税人申报的增值税应纳税额的所属时间,应填写具体的起止年、月、日。

(二)纳税人识别号(统一社会信用代码)：填报税务机关核发的纳税人识别号或有关部门核发的统一社会信用代码。

(三)"纳税人名称"栏,填写纳税人名称全称。

(四)第 1 栏"(一)应征增值税不含税销售额"：填写本期销售货物及劳务、服务和无形资产的不含税销售额,不包括销售、出租不动产,销售使用过的固定资产和销售旧货的不含税销售额、免税销售额、出口免税销售额、查补销售额。

服务有扣除项目的纳税人,本栏填写扣除后的不含税销售额,与当期《增值税纳税申报表(小规模纳税人适用)附列资料》第 8 栏数据一致。

(五)第 2 栏"税务机关代开的增值税专用发票不含税销售额"：填写税务机关代开的增值税专用发票销售额合计。

(六)第 3 栏"税控器具开具的普通发票不含税销售额"：填写税控器具开具的货物及劳务、服务和无形资产的普通发票金额换算的不含税销售额。

(七)第 4 栏"(二)销售、出租不动产不含税销售额"：填写销售、出租不动产的不含税销售额,销售额＝含税销售额/(1+5％)。销售不动产有扣除项目的纳税人,本栏填写扣除后的不含税销售额。

(八)第 5 栏"税务机关代开的增值税专用发票不含税销售额"：填写税务机关代开的增值税专用发票销售额

合计。

(九)第6栏"税控器具开具的普通发票不含税销售额":填写税控器具开具的销售、出租不动产的普通发票金额换算的不含税销售额。

(十)第7栏"(三)销售使用过的固定资产不含税销售额":填写销售自己使用过的固定资产(不含不动产,下同)和销售旧货的不含税销售额,销售额＝含税销售额/(1＋3%)。

(十一)第8栏"其中:税控器具开具的普通发票不含税销售额":填写税控器具开具的销售自己使用过的固定资产和销售旧货的普通发票金额换算的不含税销售额。

(十二)第9栏"(四)免税销售额":填写销售免征增值税的货物及劳务、服务、不动产和无形资产的销售额,不包括出口免税销售额。

服务、不动产有扣除项目的纳税人,填写扣除之前的销售额。

(十三)第10栏"其中:小微企业免税销售额":填写符合小微企业免征增值税政策的免税销售额,不包括符合其他增值税免税政策的销售额。个体工商户和其他个人不填写本栏次。

(十四)第11栏"未达起征点销售额":填写个体工商户和其他个人未达起征点(含支持小微企业免征增值税政策)的免税销售额,不包括符合其他增值税免税政策的销售额。本栏次由个体工商户和其他个人填写。

(十五)第12栏"其他免税销售额":填写销售免征增值税的货物及劳务、服务、不动产和无形资产的销售额,不包括符合小微企业免征增值税和未达起征点政策的免税销售额。

(十六)第13栏"(五)出口免税销售额":填写出口免征增值税货物及劳务、出口免征增值税服务、无形资产的销售额。

服务有扣除项目的纳税人,填写扣除之前的销售额。

(十七)第14栏"其中:税控器具开具的普通发票销售额":填写税控器具开具的出口免征增值税货物及劳务、出口免征增值税服务、无形资产的普通发票销售额。

(十八)第15栏"本期应纳税额":填写本期按征收率计算缴纳的应纳税额。

(十九)第16栏"本期应纳税额减征额":填写纳税人本期按照税法规定减征的增值税应纳税额。包含可在增值税应纳税额中全额抵减的增值税税控系统专用设备费用以及技术维护费,可在增值税应纳税额中抵免的购置税控收款机的增值税税额。

当本期减征额小于或等于第15栏"本期应纳税额"时,按本期减征额实际填写;当本期减征额大于第15栏"本期应纳税额"时,按本期第15栏填写,本期减征额不足抵减部分结转下期继续抵减。

(二十)第17栏"本期免税额":填写纳税人本期增值税免税额,免税额根据第9栏"免税销售额"和征收率计算。

(二十一)第18栏"其中:小微企业免税额":填写符合小微企业免征增值税政策的增值税免税额,免税额根据第10栏"小微企业免税销售额"和征收率计算。

(二十二)第19栏"未达起征点免税额":填写个体工商户和其他个人未达起征点(含支持小微企业免征增值税政策)的增值税免税额,免税额根据第11栏"未达起征点销售额"和征收率计算。

(二十三)第21栏"本期预缴税额":填写纳税人本期预缴的增值税税额,但不包括查补缴纳的增值税税额。

三、《增值税纳税申报表(小规模纳税人适用)附列资料》填写说明

本附列资料由销售服务有扣除项目的纳税人填写,各栏次均不包含免征增值税项目的金额。

(一)"税款所属期"是指纳税人申报的增值税应纳税额的所属时间,应填写具体的起止年、月、日。

(二)"纳税人名称"栏,填写纳税人名称全称。

(三)第1栏"期初余额":填写服务扣除项目上期期末结存的金额,试点实施之日的税款所属期填写"0"。

(四)第2栏"本期发生额":填写本期取得的按税法规定准予扣除的服务扣除项目金额。

(五)第3栏"本期扣除额":填写服务扣除项目本期实际扣除的金额。

第3栏"本期扣除额"≤第1栏"期初余额"+第2栏"本期发生额"之和,且第3栏"本期扣除额"≤第5栏"全部含税收入"。

(六)第4栏"期末余额":填写服务扣除项目本期期末结存的金额。

(七)第5栏"全部含税收入":填写纳税人销售服务、无形资产取得的全部价款和价外费用数额。

(八)第6栏"本期扣除额":填写第3栏"本期扣除额"栏数据。

第6栏"本期扣除额"=第3栏"本期扣除额"。

(九)第7栏"含税销售额":填写服务、无形资产的含税销售额。

第7栏"含税销售额"=第5栏"全部含税收入"-第6栏"本期扣除额"。

(十)第8栏"不含税销售额":填写服务、无形资产的不含税销售额。

第8栏"不含税销售额"=第7栏"含税销售额"÷1.03,与《增值税纳税申报表(小规模纳税人适用)》第1栏"应征增值税不含税销售额""本期数""服务、不动产和无形资产"栏数据一致。

(三)服务业增值税纳税人纳税申报实训

宏利集团公司基本情况如下:

企业性质:私营企业,增值税一般纳税人。

2021年3月发生如下业务:

(1)公司旅游部组团到外省旅游,收取黄河工厂团体旅游费76.8万元,开具增值税普通发票,代顾客支付费用共计45万元,其中有40万元通过银行转账支付,剩余部分用现金支付,均取得普通发票。

(2)接待一场大型会议,会期12天,会议期间取得住宿费收入50万元、餐费收入25万元、会议室租金收入10万元,开具增值税专用发票,增值税5.1万元,收到转账支票存入银行。

(3)公司歌舞厅本月累计取得收入127 200元,开具增值税普通发票。

(4)该公司当月取得增值税专用发票,符合抵扣条件的增值税为50 000元。

要求:计算当月应缴纳增值税,并进行账务处理。

项目三 消费税纳税实训

一、基本技能实训

(一)单项选择题

1. 以下不征收消费税的项目是(　　)。
   A. 高尔夫球　　　　　　　　B. 高尔夫球袋
   C. 高尔夫球杆握把　　　　　D. 高尔夫车

2. 消费税中的"中华人民共和国境内",是指生产、委托加工和进口属于应当征收消费税的消费品的(　　)在境内。
   A. 生产地　　　　　　　　　B. 使用地
   C. 起运地或所在地　　　　　D. 销售地

3. 下列应征收消费税的是(　　)。
   A. 拖拉机专用轮胎　　　　　B. 电池
   C. 子午线轮胎　　　　　　　D. 翻新轮胎

4. 以下应税消费品中,适用单一定额税率的是(　　)。
   A. 粮食白酒　　B. 酒精　　C. 高档化妆品　　D. 啤酒

5. 下列情况应征消费税的是(　　)。
   A. 药厂外购已税酒精配制成含酒精药膏后销售
   B. 商业企业外购已税珠宝玉石加工成金银首饰后销售
   C. 收回后的委托加工实木地板用于职工福利
   D. 收回后的委托加工粮食白酒直接销售

6. 下列商品售价中,与计算消费税的价格直接相关的是(　　)。
   A. 卡车出厂价　　　　　　　B. 戏剧卸妆油出厂价
   C. 钻石饰品的出厂价　　　　D. 高尔夫球袋的出厂价

7. 下列应视同销售缴纳消费税的情况是(　　)。
   A. 将外购已税消费品继续加工成应税消费品
   B. 将委托加工收回的应税消费品继续加工成应税消费品
   C. 自制应税消费品继续加工成应税消费品
   D. 自制应税消费品用于向外单位投资

8.下列关于委托加工应税消费品的说法中正确的是( )。
A.委托方缴纳消费税,受托方缴纳增值税
B.委托方不缴税,受托方缴纳消费税和增值税
C.受托方代收代缴委托方的消费税,受托方缴纳增值税
D.委托方不缴税,受托方缴纳增值税和消费税

9.下列外购产品中已缴纳的消费税,可以从本企业应纳消费税税额中扣除的是( )。
A.从商业企业外购已税高档化妆品生产的高档化妆品
B.从工业企业购进已税白酒为原料生产的勾兑白酒
C.从工业企业购进已税溶剂油为原料生产的溶剂油
D.从工业企业购进已税高尔夫球杆握把为原料生产的高尔夫球杆

10.某小轿车生产企业为增值税一般纳税人,8月生产并销售小汽车300辆,每辆不含税售价15万元,适用消费税税率9%。该企业8月应缴纳消费税( )。
A.243万元　　　　B.283.5万元　　　　C.364.5万元　　　　D.405万元

(二)多项选择题

1.以下属于消费税的征收范围的有( )。
A.生产应税消费品　　　　　　B.委托加工应税消费品
C.批发啤酒　　　　　　　　　D.零售金银首饰

2.下列环节既征消费税又征增值税的有( )。
A.卷烟的零售环节　　　　　　B.白酒的批发环节
C.金银首饰的零售环节　　　　D.高档化妆品的进口环节

3.采用从量定额征收消费税的项目有( )。
A.黄酒　　　　　　　　　　　B.葡萄酒
C.柴油　　　　　　　　　　　D.烟丝

4.下列属于应征消费税的项目有( )。
A.12 000元每只的手表　　　　B.运动会用帆船
C.气缸容量250毫升的摩托车　D.戏剧舞台化妆油彩

5.在零售环节缴纳消费税的应税消费品有( )。
A.翡翠手镯　　　　　　　　　B.钻石胸针
C.镀金项链　　　　　　　　　D.18K金镶嵌翡翠耳钉

6.下列情况中应征消费税的有( )。
A.将自产应税消费品发给职工使用
B.出厂前进行化学检验的高档化妆品
C.作为展销样品的高档化妆品
D.用于广告的高档化妆品

7.下列在移送环节应缴纳消费税的有( )。
A.酒厂将自产酒精移送勾兑低度酒
B.小轿车厂将自产轿车赠送给拉力赛
C.制药厂将自产酒精移送生产药膏
D.烟厂将自制卷烟发给职工

8. 下列不能按生产领用量扣除外购应税消费品已纳消费税税款的有( )。
A. 从工业企业外购已税烟丝生产的卷烟
B. 从商业企业购进已税实木地板为原料生产的实木地板
C. 从工业企业外购已税珠宝制造成的 18K 黄金镶嵌戒指
D. 从工业企业外购已税石脑油生产的应税消费品

9. 下列各项中,应当征收消费税的有( )。
A. 化妆品厂作为样品赠送给客户的高档化妆品
B. 用于产品质量检验耗费的高尔夫球杆
C. 白酒生产企业向百货公司销售的白酒
D. 轮胎厂移送非独立核算门市部待销售的汽车轮胎

10. 下列各项中,符合应税消费品销售数量规定的有( )。
A. 生产销售应税消费品的,为应税消费品的销售数量
B. 自产自用应税消费品的,为应税消费品的生产数量
C. 委托加工应税消费品的,为纳税人收回的应税消费品数量
D. 进口应税消费品的,为海关核定的应税消费品进口数量

11. 生产企业销售应税消费品计提应交消费税时,以下处理正确的有( )。
A. 借记"税金及附加"账户
B. 贷记"应交税费——应交消费税"账户
C. 贷记"税金及附加"账户
D. 借记"应交税费——应交消费税"账户

12. 委托加工应税消费品,记入"委托加工物资"账户的有( )。
A. 支付的收回后用于连续生产应税消费品的消费税
B. 支付加工费
C. 收回后直接对外销售的应税消费品缴纳的消费税
D. 收回后以高于受托方的计税价格出售并已纳的消费税

13. 进口的应税消费品缴纳的消费税应计入进口应税消费品的成本,可能记入的账户有( )账户。
A. "固定资产"　　　　　　　　B. "应交税费"
C. "材料采购"　　　　　　　　D. "库存商品"

14. 纳税人将其生产经营的应税消费品用于职工福利、奖励等方面应做的账务处理( )。
A. 借:应付职工薪酬
　　贷:主营业务收入
　　　　应交税费——应交增值税(销项税额)
B. 借:税金及附加
　　贷:应交税费——应交消费税

C. 借:应付职工薪酬
　　贷:库存商品
D. 借:主营业务成本
　　贷:库存商品

(三)判断题

1. 电动车、沙滩车、雪地车、卡丁车、高尔夫车不属于消费税征税范围,不征收消费税。（　）
2. 鞭炮厂销售鞭炮应征收消费税,不征增值税。（　）
3. 零售环节征收消费税的金银首饰不能扣除外购、委托加工收回的珠宝玉石已纳的消费税税款。（　）
4. 纳税人自产自用的应税消费品用于连续生产应税消费品的不纳税;用于生产非应税消费品的,于移送使用时纳税。（　）
5. 用于抵偿债务的小轿车,应按同类商品的平均售价作为计税依据计算消费税。（　）
6. 委托加工的应税消费品受托方交货时已代收代缴消费税,委托方收回后直接销售的,应征收消费税,同时抵扣已被代收代缴的消费税。（　）
7. 电动汽车应征收消费税。（　）
8. 消费税的征税范围中,只有卷烟、白酒采用从价定率和从量定额相结合的复合计税方法。（　）
9. 某酒厂生产白酒和药酒并将两类酒包装在一起按礼品套酒销售,该厂对销售的两类酒分别核算了销售额,按适用税率计征消费税。（　）
10. 对酒类产品生产企业销售酒类产品(黄酒、啤酒除外)而收取的包装物押金,无论押金是否返还及会计上如何核算,均需并入酒类产品销售额中,依酒类产品的适用税率征收消费税。（　）

二 业务技能实训

(一)酒类消费税纳税申报实训

某酒业公司为增值税一般纳税人,假设增值税专用发票均认证。纳税人识别号(统一社会信用代码):略。该公司主要生产销售白酒,期初未缴税额为0,本期没有预缴税额。2021年8月对外销售粮食白酒情况如下:

1. 对外销售粮食白酒12 000千克,取得收入100 000元,价外收取包装运输费10 000元,取得的价款和价外费用均不含增值税,货款已收妥存入银行,该白酒的制造成本为60 000元。
2. 对外销售薯类白酒200箱,每箱净重20千克,取得不含税销售收入40 000元,收取包装物押金1 000元,押金单独记账,货款及押金均收到。该白酒每箱制造成本为120元。

要求:
(1)计算该公司当月应纳的消费税。

(2)2021年9月10日进行纳税申报并填写消费税及附加税费申报表和消费税附加税费计算表(表3-1和表3-2)。

(3)对上述相关涉税业务进行账务处理。

表 3-1 消费税及附加税费申报表

税款所属期:自　年　月　日至　年　月　日

纳税人识别号(统一社会信用代码):□□□□□□□□□□□□□□□□□□□□

纳税人名称:　　　　　　　　　　　　　　　　　金额单位:人民币元(列至角分)

项目 应税 消费品名称	适用税率		计量 单位	本期销售数量	本期销售额	本期应纳税额
	定额 税率	比例 税率				
	1	2	3	4	5	6=1×4+2×5
合计	—	—		—		

	栏次	本期税费额
本期减(免)税额	7	
期初留抵税额	8	
本期准予扣除税额	9	
本期应扣除税额	10=8+9	
本期实际扣除税额	11[10<(6-7),则为10, 否则为6-7]	
期末留抵税额	12=10-11	
本期预缴税额	13	
本期应补(退)税额	14=6-7-11-13	
城市维护建设税本期应补(退)税额	15	
教育费附加本期应补(退)费额	16	
地方教育附加本期应补(退)费额	17	

声明:此表是根据国家税收法律法规及相关规定填写的,本人(单位)对填报内容(及附带资料)的真实性、可靠性、完整性负责。

纳税人(签章):　年　月　日

经办人: 经办人身份证号: 代理机构签章: 代理机构统一社会信用代码:	受理人:受理税务机关(章): 受理日期:　年　月　日

《消费税及附加税费申报表》填表说明

一、本表作为《消费税及附加税费申报表》的主表，由消费税纳税人填写。

二、本表"税款所属期"：指纳税人申报的消费税应纳税额所属时间，应填写具体的起止年、月、日。

三、本表"纳税人识别号(社会统一信用代码)"：填写纳税人识别号或者统一社会信用代码。

四、本表"纳税人名称"：填写纳税人名称全称。

五、本表"应税消费品名称"栏、第1栏"定额税率"、第2栏"比例税率"和第3栏"计量单位"：按照附注1《应税消费品名称、税率和计量单位对照表》内容对应填写。

六、本表第4栏"本期销售数量"：填写国家税收法律法规及相关规定(以下简称"税法")规定的本期应当申报缴纳消费税的应税消费品销售数量(不含出口免税销售数量)。用自产汽油生产的乙醇汽油，按照生产乙醇汽油所耗用的汽油数量填写；以废矿物油生产的润滑基础油为原料生产的润滑油，按扣除耗用的废矿物油生产的润滑油基础油后的数量填写。

七、本表第5栏"本期销售额"：填写税法规定的本期应当申报缴纳消费税的应税消费品销售额(不含出口免税销售额)。

八、本表第6栏"本期应纳税额"：计算公式如下：

实行从价定率办法计算的应纳税额＝销售额×比例税率

实行从量定额办法计算的应纳税额＝销售数量×定额税率

实行复合计税办法计算的应纳税额＝销售额×比例税率＋销售数量×定额税率

暂缓征收的应税消费品，不计算应纳税额。

九、本表第7栏"本期减(免)税额"：填写本期按照税法规定减免的消费税应纳税额，不包括暂缓征收的应税消费品的税额以及出口应税消费品的免税额。本期减免消费税应纳税额情况，需同时填报附表2《本期减(免)税额明细表》。本栏数值应等于附表2《本期减(免)税额明细表》第8栏"减(免)税额""合计"栏数值。

十、本表第8栏"期初留抵税额"：填写上期申报表第12栏"期末留抵税额"数值。

十一、本表第9栏"本期准予扣除税额"：填写税法规定的本期外购、进口或委托加工收回应税消费品用于连续生产应税消费品准予扣除的消费税已纳税额，以及委托加工收回应税消费品以高于受托方计税价格销售的，在计税时准予扣除的消费税已纳税额。

成品油消费税纳税人：本表"本期准予扣除税额"栏数值＝附表1-2《本期准予扣除税额计算表(成品油消费税纳税人适用)》第6栏"本期准予扣除税额""合计"栏数值。

其他消费税纳税人：本表"本期准予扣除税额"栏数值＝附表1-1《本期准予扣除税额计算表》第19栏"本期准予扣除税款合计""合计"栏数值。

十二、本表第10栏"本期应扣除税额"：填写纳税人本期应扣除的消费税额，计算公式为：本期应扣除税额＝期初留抵税额＋本期准予扣除税额

十三、本表第11栏"本期实际扣除税额"：填写纳税人本期实际扣除的消费税额，计算公式为：

当本期应纳税额合计－本期减(免)税额≥本期应扣除税额时，本期实际扣除税额＝本期应扣除税额；当本期应纳税额合计－本期减(免)税额＜本期应扣除税额时，本期实际扣除税额＝本期应纳税额合计－本期减(免)税额。

十四、本表第12栏"期末留抵税额"：计算公式为：

期末留抵税额＝本期应扣除税额－本期实际扣除税额

十五、本表第13栏"本期预缴税额"：填写纳税申报前纳税人已预先缴纳入库的本期消费税额。

十六、本表第14栏"本期应补(退)税额"：填写纳税人本期应纳税额中应补缴或应退回的数额，计算公式为：

本期应补(退)税额＝本期应纳税额合计－本期减(免)税额－本期实际扣除税额－本期预缴税额

十七、本表第15栏"城市维护建设税本期应补(退)税额"：填写附表6《消费税附加税费计算表》"城市维护建设税"对应的"本期应补(退)税(费)额"栏数值。

十八、本表第16栏"教育费附加本期应补(退)费额"：填写附表6《消费税附加税费计算表》"教育费附加"对应的"本期应补(退)税(费)额"栏数值。

十九、本表第17栏"地方教育附加本期应补(退)费额"：填写附表6《消费税附加税费计算表》"地方教育费附加"对应的"本期应补(退)税(费)额"栏数值。

二十、本表为A4竖式，所有数字小数点后保留两位。一式二份，一份纳税人留存，一份税务机关留存。

表 3-2   消费税附加税费计算表

金额单位:元(列至角分)

税(费)种	计税(费)依据 消费税税额	税(费)率(%)	本期应纳税(费)额	本期减免税(费)额 减免性质代码	本期减免税(费)额 减免税(费)额	本期是否适用增值税小规模纳税人"六税两费"减征政策 □是 □否 减征比例(%)	减征额	本期已缴税(费)额	本期应补(退)税(费)额
	1	2	3=1×2	4	5	6	7=(3-5)×6	8	9=3-5-7-8
城市维护建设税									
教育费附加									
地方教育附加									
合计	—	—		—			—		

《消费税附加税费计算表》填表说明

一、本表由消费税纳税人填报。

二、本表第1栏"消费税税额":填写主表"本期应补(退)税额"栏数值。

三、本表第2栏"税(费)率":填写相应税(费)的税(费)率。

四、本表第3栏"本期应纳税(费)额":填写本期按适用的税(费)率计算缴纳的应纳税(费)额。计算公式为:本期应纳税(费)额=消费税税额×税(费)率

五、本表第4栏"减免性质代码":按《减免税政策代码目录》中附加税费适用的减免性质代码填写,增值税小规模纳税人"六税两费"减征政策优惠不在此栏填写。有减免税(费)情况的必填。

六、本表第5栏"减免税(费)额":填写本期减免的税(费)额。

七、本表"本期是否适用增值税小规模纳税人'六税两费'减征政策"栏:本期适用增值税小规模纳税人"六税两费"减征政策的,勾选"是";否则,勾选"否"。增值税一般纳税人按规定转登记为增值税小规模纳税人的,自成为增值税小规模纳税人的当月起适用减征优惠。增值税小规模纳税人按规定登记为增值税一般纳税人的,自增值税一般纳税人生效之日起不再适用减征优惠;纳税人的年增值税应税销售额超过增值税小规模纳税人标准应当登记为增值税一般纳税人而未登记,经税务机关通知,逾期仍不办理登记的,自逾期次月起不再适用减征优惠。

八、本表第6栏"减征比例(%)":按当地省级政府根据《财政部税务总局关于实施小微企业普惠性税收减免政策的通知》(财税〔2019〕13号)确定的减征比例填写。

九、本表第7栏"减征额":计算公式为:减征额=[本期应纳税(费)额-减免税(费)额]×减征比例

十、本表第8栏"本期已缴税(费)额":填写本期应纳税(费)额中已经缴纳的部分。

十一、本表第9栏"本期应补(退)税(费)额":计算公式为:本期应补(退)税(费)额=本期应纳税(费)额-减免税(费)额-减征额-本期已缴税(费)额

十二、本表为A4横式,所有数字小数点后保留两位。一式二份,一份纳税人留存,一份税务机关留存。

(二)小汽车消费税纳税申报实训

某汽车有限公司为增值税一般纳税人,假设增值税专用发票均认证。具有进出口经营权。纳税人识别号(统一社会信用代码):略,消费税期初未缴税额为100 000元,本期没有预缴税额。2021年8月发生如下业务:

1. 从国外购进一批小汽车，到岸价为 2 000 000 元，关税税率为 50%，增值税税率为 13%，消费税税率为 3%，款项通过银行转账支付。

2. 销售气缸容量为 1.8 升的小轿车 50 辆，取得不含税收入 5 000 000 元。该批小轿车的成本为 3 000 000 元，消费税税率为 5%，款项收到存入银行。

3. 将自产的 10 辆气缸容量为 1.6 升的小轿车向市出租汽车公司投资，小轿车每辆不含税售价最高为 130 000 元，加权平均售价为 120 000 元，每辆制造成本为 70 000 元，消费税税率为 5%。对外开具增值税专用发票，内列价款 1 200 000 元，增值税税款 156 000 元。

4. 以自产的气缸容量为 1.8 升，每辆制造成本为 80 000 元的 5 辆小轿车换取汽车生产零部件，每辆正常市场不含税售价为 150 000 元，消费税税率为 5%。对外开具了增值税专用发票，内列价款 750 000 元，增值税税款 97 500 元，没收到对方的增值税专用发票。

要求：
(1) 计算该公司当月应纳的消费税。
(2) 2021 年 9 月 10 日进行纳税申报并填写消费税及附加税费申报表和消费税附加税费计算表（表 3-3 和表 3-4）。
(3) 对上述相关涉税业务进行账务处理。

表 3-3　　　　　　　　　　消费税及附加税费申报表

税款所属期：自　年　月　日至　年　月　日

纳税人识别号(统一社会信用代码)：□□□□□□□□□□□□□□□□□□□□

纳税人名称：　　　　　　　　　　　　　　　　　　金额单位：人民币元(列至角分)

项目 应税消费品名称	适用税率		计量单位	本期销售数量	本期销售额	本期应纳税额
	定额税率	比例税率				
	1	2	3	4	5	6=1×4+2×5
合计	—	—	—		—	

	栏次	本期税费额
本期减(免)税额	7	
期初留抵税额	8	
本期准予扣除税额	9	
本期应扣除税额	10=8+9	
本期实际扣除税额	11[10<(6−7)，则为 10，否则为 6−7]	
期末留抵税额	12=10−11	
本期预缴税额	13	

(续表)

本期应补(退)税额	14=6−7−11−13	
城市维护建设税本期应补(退)税额	15	
教育费附加本期应补(退)费额	16	
地方教育附加本期应补(退)费额	17	

声明:此表是根据国家税收法律法规及相关规定填写的,本人(单位)对填报内容(及附带资料)的真实性、可靠性、完整性负责。

纳税人(签章): 年 月 日

经办人:
经办人身份证号:
代理机构签章:
代理机构统一社会信用代码:

受理人:受理税务机关(章):

受理日期: 年 月 日

表 3-4　　　　　　　　消费税附加税费计算表

金额单位:元(列至角分)

税(费)种	计税(费)依据 消费税税额	税(费)率(%)	本期应纳税(费)额	本期减免税(费)额		本期是否适用增值税小规模纳税人"六税两费"减征政策		本期已缴税(费)额	本期应补(退)税(费)额
				减免性质代码	减免税(费)额	□是 □否			
						减征比例(%)	减征额		
	1	2	3=1×2	4	5	6	7=(3−5)×6	8	9=3−5−7−8
城市维护建设税									
教育费附加									
地方教育附加									
合计	—		—						

(三)烟类应税消费品消费税纳税申报实训

甲卷烟厂为增值税一般纳税人,主营卷烟生产销售业务,假设增值税专用发票均认证,所有款项均通过银行转账支付,消费税按组成计税价格计算。2021年8月发生以下业务:

1.委托乙卷烟厂(增值税一般纳税人)加工烟丝,甲卷烟厂提供原材料20 000元,加工费2 500元(收到增值税专用发票),烟丝消费税税率为30%,烟丝收回后继续加工卷烟。

2.委托丙企业生产无牌号卷烟20箱(单位税额150元/箱,比例税率56%),甲企业向农业生产者收购烟叶,支付收购价款400 000元,另支付价外补贴40 000元、烟叶税88 000元,并将该烟叶运送至丙企业委托其加工卷烟,同时支付铁路运费20 000元(收到增值税专用发票),丙企业收取加工费和辅料费含税金额56 500元,开具增值税普通发票,甲企业收回卷烟后直接对外销售,本月销售卷烟10箱,每箱不含税金额300 000元。

要求：

(1)计算甲、乙、丙应纳增值税、消费税，并进行账务处理。

(2)2021年9月10日进行纳税申报并填写甲卷烟厂消费税及附加税费申报表（表3-5）、本期准予扣除税额计算表（表3-6）、本期委托加工收回情况报告表（表3-7）、卷烟生产企业合作生产卷烟消费税情况报告表（表3-8）和消费税附加税费计算表（表3-9）。

表3-5　　　　　　　　　消费税及附加税费申报表

税款所属期：自　年　月　日至　年　月　日

纳税人识别号(统一社会信用代码)：□□□□□□□□□□□□□□□□□□

纳税人名称：　　　　　　　　　　　　　　金额单位:人民币元(列至角分)

项目 应税 消费品名称	适用税率 定额税率 1	适用税率 比例税率 2	计量单位 3	本期销售数量 4	本期销售额 5	本期应纳税额 6＝1×4＋2×5
合计	—	—	—	—		

	栏次	本期税费额
本期减(免)税额	7	
期初留抵税额	8	
本期准予扣除税额	9	
本期应扣除税额	10＝8＋9	
本期实际扣除税额	11[10＜(6－7),则为10,否则为6－7]	
期末留抵税额	12＝10－11	
本期预缴税额	13	
本期应补(退)税额	14＝6－7－11－13	
城市维护建设税本期应补(退)税额	15	
教育费附加本期应补(退)费额	16	
地方教育附加本期应补(退)费额	17	

声明：此表是根据国家税收法律法规及相关规定填写的,本人(单位)对填报内容(及附带资料)的真实性、可靠性、完整性负责。

　　　　　　　　　　　　　　　　　　　　纳税人(签章)：　年　月　日

经办人：
经办人身份证号：　　　　　　　　　　　受理人:受理税务机关(章)：
代理机构签章：
代理机构统一社会信用代码：　　　　　　　　　　　　受理日期：　年　月　日

表 3-6　　　　　　　　　　　本期准予扣除税额计算表

金额单位:元(列至角分)

准予扣除项目		应税消费品名称				合计
一、本期准予扣除的委托加工应税消费品已纳税款计算		期初库存委托加工应税消费品已纳税款	1			
		本期收回委托加工应税消费品已纳税款	2			
		期末库存委托加工应税消费品已纳税款	3			
		本期领用不准予扣除委托加工应税消费品已纳税款	4			
		本期准予扣除委托加工应税消费品已纳税款	5＝1＋2－3－4			
二、本期准予扣除的外购应税消费品已纳税款计算	（一）从价计税	期初库存外购应税消费品买价	6			
		本期购进应税消费品买价	7			
		期末库存外购应税消费品买价	8			
		本期领用不准予扣除外购应税消费品买价	9			
		适用税率	10			
		本期准予扣除外购应税消费品已纳税款	11＝(6＋7－8－9)×10			
	（二）从量计税	期初库存外购应税消费品数量	12			
		本期外购应税消费品数量	13			
		期末库存外购应税消费品数量	14			
		本期领用不准予扣除外购应税消费品数量	15			
		适用税率	16			
		计量单位	17			
		本期准予扣除的外购应税消费品已纳税款	18＝(12＋13－14－15)×16			
三、本期准予扣除税款合计			19＝5＋11＋18			

《本期准予扣除税额计算表》填表说明

一、本表由外购(含进口)或委托加工收回应税消费品用于连续生产应税消费品、委托加工收回的应税消费品以高于受托方计税价格出售的纳税人(成品油消费税纳税人除外)填写。

二、本表"应税消费品名称""适用税率""计量单位"栏的填写同主表。

三、本表第1栏"期初库存委托加工应税消费品已纳税款":填写上期本表第3栏数值。

四、本表第2栏"本期收回委托加工应税消费品已纳税款":填写纳税人委托加工收回的应税消费品在委托加工环节已纳消费税税额。

五、本表第3栏"期末库存委托加工应税消费品已纳税款":填写纳税人期末库存委托加工收回的应税消费品在委托加工环节已纳消费税税额合计。

六、本表第4栏"本期领用不准予扣除委托加工应税消费品已纳税款":填写纳税人委托加工收回的应税消费品,按税法规定不允许扣除的在委托加工环节已纳消费税税额。

七、本表第5栏"本期准予扣除委托加工应税消费品已纳税款":填写按税法规定,本期委托加工收回应税消费品中符合扣除条件准予扣除的消费税已纳税额,计算公式为:本期准予扣除委托加工应税消费品已纳税款=期初库存委托加工应税消费品已纳税款+本期收回委托加工应税消费品已纳税款—期末库存委托加工应税消费品已纳税款—本期领用不准予扣除委托加工应税消费品已纳税款

八、本表第6栏"期初库存外购应税消费品买价":填写本表上期第8栏"期末库存外购应税消费品买价"的数值。

九、本表第7栏"本期购进应税消费品买价":填写纳税人本期外购用于连续生产的从价计税的应税消费品买价。

十、本表第8栏"期末库存外购应税消费品买价":填写纳税人外购用于连续生产应税消费品期末买价余额。

十一、本表第9栏"本期领用不准予扣除外购应税消费品买价":填写纳税人本期领用外购的从价计税的应税消费品,按税法规定不允许扣除的应税消费品买价。

十二、本表第11栏"本期准予扣除外购应税消费品已纳税款":计算公式为:本期准予扣除的外购应税消费品已纳税款(从价计税)=(期初库存外购应税消费品买价+本期购进应税消费品买价—期末库存外购应税消费品买价—本期领用不准予扣除外购应税消费品买价)×适用税率

十三、本表第12栏"期初库存外购应税消费品数量":填写本表上期"期末库存外购应税消费品数量"。

十四、本表第13栏"本期外购应税消费品数量":填写纳税人本期外购用于连续生产的从量计税的应征消费品数量。

十五、本表第14栏"期末库存外购应税消费品数量":填写纳税人用于连续生产的外购应税消费品期末库存数量。

十六、本表第15栏"本期领用不准予扣除外购应税消费品数量":填写纳税人本期领用外购的从量计税的应税消费品,按税法规定不允许扣除的应税消费品数量。

十七、本表第18栏"本期准予扣除的外购应税消费品已纳税款":计算公式为:本期准予扣除的外购应税消费品已纳税款(从量计税)=(期初库存外购应税消费品数量+本期外购应税消费品数量—期末库存外购应税消费品数量—本期领用不准予扣除外购应税消费品数量)×适用税率

十八、本表第19栏"本期准予扣除税款合计":计算公式为:本期准予扣除税款合计=本期准予扣除委托加工应税消费品已纳税款+本期准予扣除外购应税消费品已纳税款(从价计税)+本期准予扣除的外购应税消费品已纳税款(从量计税)

十九、本表为A4竖式。所有数字小数点后保留两位。一式二份,一份纳税人留存,一份税务机关留存。

表 3-7 本期委托加工收回情况报告表

一、委托加工收回应税消费品代收代缴税款情况

金额单位：元(列至角分)

应税消费品名称	商品和服务税收分类编码	委托加工收回应税消费品数量	委托加工收回应税消费品计税价格	适用税率		受托方已代收代缴的税款	受托方(扣缴义务人)名称	受托方(扣缴义务人)识别号	税收缴款书(代扣代收专用)号码	税收缴款书(代扣代收专用)开具日期
				定额税率	比例税率					
1	2	3	4	5	6	7=3×5+4×6	8	9	10	11

二、委托加工收回应税消费品领用存情况

应税消费品名称	商品和服务税收分类编码	上期库存数量	本期委托加工收回入库数量	本期委托加工收回直接销售数量	本期委托加工收回用于连续生产数量	本期结存数量
1	2	3	4	5	6	7=3+4-5-6

《本期委托加工收回情况报告表》填表说明

一、本表由委托方填写，第一部分填报委托加工收回的应税消费品在委托加工环节由受托方代收代缴税款情况；第二部分填报委托加工收回应税消费品领用存情况。

二、本表第一部分第1栏"应税消费品名称"、第5栏"定额税率"和第6栏"比例税率"的填写同主表。

三、本表第一部分第2栏"商品和服务税收分类编码"：仅成品油消费税纳税人填报，按所开具增值税发票对应的税收分类编码填写。

四、本表第一部分第3栏"委托加工收回应税消费品数量"：填写委托加工收回并取得税收缴款书(代扣代收专用)的各应税消费品的数量，其计量单位应与主表填表说明的附注1《应税消费品名称、税率和计量单位对照表》一致。

五、本表第一部分第4栏"委托加工收回应税消费品计税价格"：填写委托加工收回的应税消费品在委托加工环节，由受托方代收代缴消费税时的计税价格。

六、本表第一部分第7栏"受托方已代收代缴的税款"：填写受托方代收代缴的税款，计算公式如下：

(一)实行从量定额计税：受托方已代收代缴的税款=委托加工收回应税消费品数量×定额税率

(二)实行从价定率计税：受托方已代收代缴的税款=委托加工收回应税消费品计税价格×比例税率

(三)实行复合计税：受托方已代收代缴的税款=委托加工收回应税消费品数量×定额税率+委托加工收回应税

消费品计税价格×比例税率

七、本表第一部分第8栏"受托方(扣缴义务人)名称"、第9栏"受托方(扣缴义务人)识别号":填写受托方信息。

八、本表第一部分第10栏"税收缴款书(代扣代收专用)号码"、第11栏"税收缴款书(代扣代收专用)开具日期"栏:填写受托加工方代扣代缴税款凭证上注明的信息。

九、本表第二部分第1栏"应税消费品名称"的填写同主表。

十、本表第二部分第2栏"商品和服务税收分类编码":仅成品油消费税纳税人填报,按所开具增值税发票对应的税收分类编码填写。

十一、本表第二部分第3栏"上期库存数量":填写上期本表第二部分第7栏"本期结存数量"数值。

十二、本表第二部分第4栏"本期委托加工收回入库数量":填写委托加工收回应税消费品数量,与本表第一部分第3栏"委托加工收回应税消费品数量"数值相等。

十三、本表第二部分第5栏"本期委托加工收回直接销售数量":填写纳税人将委托加工收回的应税消费品直接销售的数量。

十四、本表第二部分第6栏"本期委托加工收回用于连续生产数量":填写纳税人将委托加工收回的应税消费品用于连续生产应税消费品的数量。成品油消费税纳税人填写本表第二部分第6栏"本期委托加工收回用于连续生产数量"的数值应等于附表1-2《本期准予扣除税额计算表(成品油纳税人适用)》第一部分第4栏"委托加工收回连续生产数量"数值。

十五、本表第二部分第7栏"本期结存数量":填写期末留存的委托加工收回应税消费品库存数量,计算公式为:本期结存数量=上期库存数量+本期委托加工收回入库数量-本期委托加工收回直接销售数量-本期委托加工收回用于连续生产数量,且本期结存数量≥0。

十六、本表为A4横式,所有数字小数点后保留两位。一式二份,一份纳税人留存,一份税务机关留存。

表3-8　　　　卷烟生产企业合作生产卷烟消费税情况报告表

(卷烟生产环节消费税纳税人适用)

品牌输出方		品牌输入方		卷烟条包装商品条码	卷烟牌号规格	销量	销售价格	销售额	品牌输入方已缴纳税款
企业名称	统一社会信用代码	企业名称	统一社会信用代码						
1	2	3	4	5	6	7	8	9	10
合计							——	——	

《卷烟生产企业合作生产卷烟消费税情况报告表
(卷烟生产环节消费税纳税人适用)》填表说明

一、本表由卷烟生产环节消费税纳税人填报,未发生合作生产卷烟业务的纳税人不填报本表。

二、本表第1栏"企业名称":填写品牌输出方卷烟生产企业名称。

三、本表第2栏"统一社会信用代码":填写品牌输出方卷烟生产企业的统一社会信用代码。

四、本表第3栏"企业名称":填写品牌输入方卷烟生产企业名称。

五、本表第4栏"统一社会信用代码":填写品牌输入方卷烟生产企业的统一社会信用代码。

六、本表第 6 栏"卷烟牌号规格":填写经国家烟草专卖局批准生产的卷烟牌号规格。

七、本表第 8 栏"销售价格"为品牌输入方卷烟生产企业销售卷烟的实际价格,不含增值税。计量单位为"元/条(200 支)",非标准条包装的卷烟应折算成标准条卷烟价格。

八、本表第 9 栏"销售额"栏:填写品牌输入方卷烟生产企业销售卷烟额,不含增值税。计量单位为"元"。

九、本表第 10 栏"品牌输入方已缴纳税款"栏:由品牌输入方卷烟生产企业填写。

十、本表为 A4 横式,所有数字小数点后保留两位。一式二份,一份纳税人留存,一份税务机关留存。

表 3-9   消费税附加税费计算表

金额单位:元(列至角分)

税(费)种	计税(费)依据 消费税税额	税(费)率(%)	本期应纳税(费)额	本期减免税(费)额 减免性质代码	减免税(费)额	本期是否适用增值税小规模纳税人"六税两费"减征政策 □是 □否 减征比例(%)	减征额	本期已缴税(费)额	本期应补(退)税(费)额
	1	2	3＝1×2	4	5	6	7＝(3－5)×6	8	9＝3－5－7－8
城市维护建设税									
教育费附加									
地方教育附加									
合计	—	—		—					

项目四 关税纳税实训

一、基本技能实训

(一)单项选择题

1.海关估定完税价格时不得使用的价格是( )。
A.同一生产国或地区生产的相同或类似货物的成交价格
B.倒扣价格
C.同一生产商生产的相同或类似货物的成交价格
D.境内生产的货物在境内的销售价格

2.依据关税的有关规定,下列各项中不应计入完税价格的是( )。
A.为进口货物而支付的包装劳务费
B.为进口货物而支付的商标权费用
C.为进口货物而发生的境外考察费
D.为进口货物而支付的境外开发、设计等相关费用

3.2019年9月1日,某公司由于承担国家重要工程项目,经批准免税进口了一套电子设备。使用2年后项目完工,2021年8月31日公司将该设备出售给了国内另一家企业。该电子设备的到岸价格为300万元,关税税率为10%,海关规定的监管年限为5年,按规定公司应补缴关税( )。
A.12万元　　　　B.15万元　　　　C.18万元　　　　D.30万元

4.下列各项中,符合进口关税完税价格规定的是( )。
A.留购的进口货样,以海关审定的留购价格为完税价格
B.转让进口的免税旧货物,以原入境的到岸价格为完税价格
C.准予暂时进口的施工机械,以同类货物的价格为完税价格
D.运往境外加工的货物,应以加工后入境时的到岸价格为完税价格

5.下列各项中,符合关税法定免税规定的是( )。
A.保税区进出口的基建物资和生产用车辆
B.边境贸易进出口的基建物资和生产用车辆
C.关税税款在人民币100元以下的一票货物
D.经海关核准进口的无商业价值的广告品和货样

6.关税纳税义务人因不可抗力或者在国家税收政策调整的情形下,不能按期缴纳税款的,经海关总署批准,可以延期缴纳税款,但最多不得超过(　　)。
　　A.3个月　　　　　B.6个月　　　　　C.9个月　　　　　D.12个月
7.进口货物,因收发货人或者他们的代理人违反规定而造成少征或者漏征关税的,海关可以(　　)追征。
　　A.在1年内　　　B.在3年内　　　C.在10年内　　　D.无限期
8.某公司进口机械设备一套,完税价格为人民币1 000万元(进口关税税率为10%),海关于2021年10月1日填发税款缴款书,该公司于2021年10月18日才缴纳税款,则该公司应缴纳(　　)的滞纳金。
　　A.500元　　　　B.1 000元　　　C.1 500元　　　D.2 000元
9.某企业进口一批高档化妆品,应当自海关填发税款证之日起(　　)内缴纳消费税和增值税。
　　A.1日　　　　　B.5日　　　　　C.7日　　　　　D.15日
10.如果进口货物的运费无法确定或未实际发生,海关应当按照该货物进口同期运输行业公布的运费率(额)计算运费;按照"货价加运费"两者总额的(　　)计算保险费。
　　A.1‰　　　　　B.3‰　　　　　C.5‰　　　　　D.8‰
11.工业企业从国外进口原材料,应支付的进口关税,应通过借记(　　)账户核算。
　　A."应交税费"　　B."在途物资"　　C."管理费用"　　D."应付账款"
12.外贸企业代理进口业务所计缴的关税,在会计核算时通过设置(　　)账户来核算。
　　A."应交税费"　　B."在途物资"　　C."管理费用"　　D."应付账款"

(二)多项选择题

1.下列各项中,属于关税法定纳税义务人的有(　　)。
　　A.进口货物的收货人　　　　　B.进口货物的代理人
　　C.出口货物的发货人　　　　　D.出口货物的代理人
2.下列各项中,经海关查明属实,可酌情减免进口关税的有(　　)。
　　A.在境外运输途中遭受损坏或损失的货物
　　B.因不可抗力缴税确有困难的纳税人进口的货物
　　C.起卸后、海关放行前,因不可抗力遭受损坏的货物
　　D.海关查验时已经损坏,经证明为保管不慎的货物
3.进口货物以海关审定的成交价格为基础的到岸价格作为完税价格,到岸价格包括货价,加上货物运抵中国关境内输入地起卸前的(　　)等费用。
　　A.包装　　　　　B.运输　　　　　C.保险　　　　　D.其他劳务
4.《中华人民共和国海关法》规定,减免进出口关税的权限属于中央政府,关税减免形式包括(　　)。
　　A.法定减免　　　B.特定减免　　　C.困难减免　　　D.临时减免
5.按照关税的有关规定,进出口货物的收发货人或其代理人,可以自缴纳税款之日起1年内,书面声明理由,申请退还关税。下列各项中,经海关确定可申请退税的有(　　)。
　　A.因海关误征,多缴纳税款的

B. 海关核准免验进口的货物,在完税后发现有短缺的

C. 已征收出口关税的货物,因故未装运出口的

D. 已征收出口关税的货物,因故发生退货的

6.《中华人民共和国海关进出口税则》规定的关税进口税率包括(　　)。

　　A. 最惠国税率　　　　　　　　B. 关税配额税率

　　C. 特惠税率　　　　　　　　　D. 协定税率

7. 下列物品进出境时属于关税纳税对象的有(　　)。

　　A. 贸易性商品　　　　　　　　B. 个人邮寄物品

　　C. 服务人员携带的应税行李物品　D. 馈赠物品

8. 我国特别关税的种类包括(　　)。

　　A. 报复性关税　　　　　　　　B. 保障性关税

　　C. 进口附加税　　　　　　　　D. 反倾销关税和反补贴关税

9. 我国关税税率计征方法有(　　)。

　　A. 从价税　　B. 从量税　　C. 复合税　　D. 滑准税

10. 以下选项中,(　　)被包括在进口货物的完税价格中。

A. 由买方负担的购货佣金以外的佣金和经纪费

B. 由买方负担的在审查确定完税价格时与该货物视为一体的容器的费用

C. 由买方负担的包装材料费用和包装劳务费用

D. 进口货物运抵境内输入地点起卸后的运输及其相关费用、保险费

11. 工业企业出口产品应缴纳的出口关税,支付时可能(　　)账户。

　　A. 借记"税金及附加"　　　　　B. 贷记"银行存款"

　　C. 贷记"应交税费"　　　　　　D. 借记"应交税费"

12. 外贸代理进出口业务所计缴的关税,在会计核算上也是通过设置"应交税费"账户来反映的,其对应账户可以是(　　)账户。

　　A. "税金及附加"　B. "银行存款"　C. "应付账款"　D. "应收账款"

(三)判断题

1. 出口货物的完税价格,是由海关以该货物向境外销售的成交价格为基础审查确定,包括货物运至我国境内输出地点装卸前的运输费、保险费,但不包括出口关税。(　　)

2. 因故退还的国内出口货物,经海关审查属实,可予免征进口关税,已征收的出口关税准予退还。(　　)

3. 以租赁方式进口的货物,应当以海关审定的货物的租金作为完税价格,但对租赁期限超过5年的,则应以货物的到岸价格作为完税价格。(　　)

4. 如果纳税义务人自海关填发缴款书之日起3个月仍未缴纳税款,经海关关长批准,海关可以采取强制扣缴、变价抵缴等强制措施。(　　)

5. 运往境外加工的货物,出境时向海关报明,并在海关规定的期限内复运进境的,应当以加工后的货物进境时的到岸价格作为完税价格。(　　)

6. 出口货物应以海关审定的成交价格为基础的离岸价格作为关税的完税价格。(　　)

7. 我国对少数进口商品计征关税时所采用的滑准税实质上是一种特殊的从价税。(　　)

8.关税的征税对象是贸易性商品,不包括入境旅客携带的个人行李和物品。（　）

9.进口人向境外卖方支付的佣金,构成关税完税价格；而进口人向境外采购代理人支付的买方佣金,不构成关税完税价格。（　）

10.外国政府、国际组织、国际友人和港、澳、台同胞无偿赠送的物资,经海关审查无误,可以免税。（　）

二、业务技能实训

(一)工业企业进出口货物纳税实训

某工业企业具有进出口经营权,假设所有款项均已通过银行收取和支付。开户行是中国工商银行黄岛支行,账号是20090718000456,2021年10月发生以下进出口业务：

1.进口A材料需USD(美元)100 000,当日的外汇牌价为USD1＝RMB6.60。进口A材料,应付进口关税40 000元,材料已验收入库,代征增值税税率为13%。

2.从香港进口某生产设备2台,成交价格CFR(成本加运费)为HKD(港币)1 000 000,保险费率为0.3%,该设备的关税税率为10%,代征增值税税率为13%,当日的外汇牌价为HKD1＝RMB0.80。

3.将生产一批产品自营出口,出口申报FOB离岸价为USD200 000,交易当日外汇牌价USD1＝RMB6.50。出口关税税率为10%。

要求：

(1)计算进出口环节应缴纳的关税、增值税。

(2)根据上述业务进行账务处理。

(3)填制海关代征增值税专用缴款书(表4-1)和海关进(出)口关税专用缴款书(表4-2)。

表4-1　　　　　　　　　　海关代征增值税专用缴款书

收入系统：海关系统　　　　填发日期：　年　月　日　　　　　　NO.123455

收款单位	收入机关			缴款单位（人）	名称	
	科目	代征增值税	预算级次		账号	
	收款国库				开户行	
税号	货物名称	数量	单位	完税价格(¥)	税率%	税款金额(¥)
金额大写(人民币)：				合计(¥)		
申请单位编号		报关单编号		填制单位	收款国库（银行）
合同(批文)号		运输工具(号)		制单人	
缴款期限		提/装货单号		复核人	
注　　一般征税国际代码				单证专用章	业务公章

从填发缴款书之日起限15日内缴纳(期末遇法定节假日顺延),逾期按日征收税款总额万分之五的滞纳金。

表 4-2　　　　　　　　　海关进(出)口关税专用缴款书

收入系统:海关系统　　　　填发日期:　年　月　日　　　　NO.123456

收款单位	收入机关科目	中央金库		缴款单位(人)	名称	
		预算级次			账号	
	收款国库				开户行	

税号	货物名称	数量	单位	完税价格(¥)	税率%	税款金额(¥)

金额大写(人民币):		合计(¥)	
申请单位编号	报关单编号	填制单位	收款国库(银行)业务公章
合同(批文)号	运输工具(号)	制单人	
缴款期限	提/装货单号	复核人	
注	一般征税国际代码	单证专用章	

从填发缴款书之日起限 15 日内缴纳(期末遇法定节假日顺延),逾期按日征收税款总额万分之五的滞纳金。

(二)外贸企业进出口货物纳税实训

某外贸公司既自营出口又代理进出口业务,不垫付货款,以收取手续费形式为委托方提供代理服务,由于进出口而计缴的关税均由委托单位负担,所有款项通过银行存款结算。2021 年 10 月外贸公司发生以下业务:

1.代理某工厂出口一批商品,我国口岸 FOB 价折合人民币为 360 000 元,出口关税税率为 20%,手续费 10 800 元。

2.经有关部门批准从境外进口小汽车 20 辆,每辆货价 20 万元,运抵我国海关前的运输费、保险费为每辆 2 万元。公司向海关缴纳了相关税款,并取得了完税凭证。该公司委托运输公司将小汽车从海关运回本单位,支付运费 5 万元,取得了运输公司开具的普通发票。当月售出小汽车 16 辆,每辆不含税售价 50 万元。(小汽车关税税率为 20%,增值税税率为 13%,消费税税率为 5%)

要求:

(1)计算小汽车在进口环节应缴纳的关税、增值税和消费税。

(2)计算国内销售环节应缴纳的增值税。

(3)根据上述业务进行会计处理。

(4)填制海关代征增值税专用缴款书(表 4-3)和海关进(出)口关税专用缴款书(表 4-4)。

表 4-3　　　　　　　　　　海关代征增值税专用缴款书

收入系统：海关系统　　　　　填发日期：　年　月　日　　　　　　NO.123455

收款单位	收入机关科目		中央金库		缴款单位（人）	名称	
			代征增值税	预算级次		账号	
	收款国库					开户行	

税号	货物名称	数量	单位	完税价格（¥）	税率%	税款金额（¥）

金额大写(人民币)：				合计（¥）	
申请单位编号		报关单编号		填制单位	收款国库（银行）业务公章
合同(批文)号		运输工具(号)		制单人	
缴款期限		提/装货单号		复核人	
注	一般征税国际代码			单证专用章	

从填发缴款书之日起限15日内缴纳(期末遇法定节假日顺延)，逾期按日征收税款总额万分之五的滞纳金。

表 4-4　　　　　　　　　海关进(出)口关税专用缴款书

收入系统：海关系统　　　　　填发日期：　年　月　日　　　　　　NO.123456

收款单位	收入机关科目	中央金库		缴款单位（人）	名称	
			预算级次		账号	
	收款国库				开户行	

税号	货物名称	数量	单位	完税价格（¥）	税率%	税款金额（¥）

金额大写(人民币)：				合计（¥）	
申请单位编号		报关单编号		填制单位	收款国库（银行）业务公章
合同(批文)号		运输工具(号)		制单人	
缴款期限		提/装货单号		复核人	
注	一般征税国际代码			单证专用章	

从填发缴款书之日起限15日内缴纳(期末遇法定节假日顺延)，逾期按日征收税款总额万分之五的滞纳金。

项目五 行为税及特定目的税纳税实训

一、基本技能实训

(一)单项选择题

1.某县城一企业8月份因进口半成品缴纳增值税120万元,销售产品缴纳增值税280万元。该企业本月应缴纳的城市维护建设税和教育费附加为( )。

　　A.22.4万元　　　　B.28万元　　　　C.32万元　　　　D.40万元

2.某企业本年实收资本为1 000万元,资本公积为600万元。该企业上年资金账簿上已贴印花税3 000元。该企业本年应纳印花税为( )。

　　A.0元　　　　　　B.8 000元　　　　C.5 000元　　　　D.2 500元

3.1月,甲公司将闲置厂房出租给乙公司,合同约定每月租金5 000元,租期未定。签订合同时,预收租金10 000元,双方已按定额贴花。5月底合同解除,甲公司收到乙公司补交租金15 000元。甲公司5月份应补缴印花税( )。租金收入不含增值税。

　　A.20元　　　　　　B.8元　　　　　　C.9.5元　　　　　D.12.5元

4.我国车辆购置税实行统一( )。

　　A.定额税率　　　　　　　　　　　B.比例税率
　　C.超额累进税率　　　　　　　　　D.超率累进税率

5.某单位经批准从美国进口某种汽车两辆,到岸价格为人民币50 000元,缴纳进口关税16 500元,消费税税率为5%,应纳车辆购置税( )。

　　A.8 000元　　　　B.5 000元　　　　C.6 650元　　　　D.7 000元

6.耕地占用税实行( )。

　　A.定额税率　　　B.比例税率　　　C.超额累进税率　　　D.超率累进税率

7.土地增值税的税率为( )。

　　A.超率累进税率　　　　　　　　　B.超额累进税率
　　C.比例税率　　　　　　　　　　　D.定额税率

8.房地产开发企业在确定土地增值税的扣除项目时,允许单独扣除的税金是( )。

　　A.印花税　　　　　　　　　　　　B.房产税、城市维护建设税

C. 城市维护建设税　　　　　　　　D. 印花税、城市维护建设税

9. 土地增值税的纳税人转让的房地产坐落在两个或两个以上地区的,应( )主管税务机关申报纳税。

A. 分别向房地产坐落地各方的　　B. 向事先选择房地产坐落地某一方的
C. 向房地产坐落地的上一级　　　D. 先向机构所在地,再向房地产坐落地

10. 根据规定,纳税人应在转让房地产合同签订后的( )内,到房地产所在地主管税务机关办理土地增值税纳税申报。

A. 5 日　　　　B. 7 日　　　　C. 10 日　　　　D. 15 日

11. 土地增值税按照纳税义务人转让房地产所( )和规定的税率计算征收。

A. 取得的收入　　　　　　　　B. 取得的增值额
C. 支付的成本费用　　　　　　D. 取得的利润

12. 纳税义务人建造普通标准住宅出售,增值额超过扣除项目金额20%的,应就其( ),按规定计算缴纳土地增值税。

A. 超过部分的金额　　　　　　B. 扣除项目金额
C. 全部增值额　　　　　　　　D. 出售金额

13. 某房地产开发企业,计算应交土地增值税时,应贷记( )账户。

A. "税金及附加"　　　　　　　B. "管理费用"
C. "固定资产清理"　　　　　　D. "应交税费——应交土地增值税"

14. 某非房地产业务的企业转让房地产,计算应交土地增值税时,应借记( )账户。

A. "税金及附加"　　　　　　　B. "管理费用"
C. "固定资产清理"　　　　　　D. "应交税费"

15. 纳税人属于自然人的,当转让的房地产坐落地与其住所所在地一致时,应向其住所所在地税务机关申报纳税;不一致时,应( )的税务机关申报纳税。

A. 向其住所所在地
B. 向其住所所在地或办理过户手续所在地
C. 向其办理过户手续所在地
D. 先向办理过户手续所在地再向住所地

(二)多项选择题

1. 下列各项中,符合城市维护建设税计税依据规定的有( )。

A. 偷逃增值税而被查补的税款　　B. 偷逃消费税而加收的滞纳金
C. 出口货物免抵的增值税税额　　D. 进口产品征收的消费税税额

2. 下列各项中,说法正确的有( )。

A. 海关对进口产品代征的增值税、消费税,征收城市维护建设税
B. 海关对进口产品代征的增值税、消费税,不征收城市维护建设税

C. 出口产品退还增值税、消费税的,不退还已缴纳的城市维护建设税

D. 出口产品退还增值税、消费税的,按50%退还已缴纳的城市维护建设税

3. 下列属于印花税纳税人的有(   )。

A. 借款合同的担保人

B. 发放商标注册证的国家商标局

C. 在国外书立,在国内使用技术合同的单位

D. 签订加工承揽合同的两家中外合资企业

4. 印花税的税率包括(   )。

A. 比例税率　　　B. 定额税率　　　C. 复合税率　　　D. 累进税率

5. 根据规定,纳税人应该缴纳印花税的合同有(   )。

A. 贴息贷款合同　　　　　　　B. 技术转让合同

C. 借款合同　　　　　　　　　D. 财产租赁合同

6. 下列各项中,免征或不征印花税的有(   )。

A. 合同的副本或者抄本作正本使用

B. 财产所有人将财产赠给政府所立的书据

C. 农牧业保险合同

D. 未列明金额的购销合同

7. 采用自行贴花方法缴纳印花税的,纳税人应(   )。

A. 自行申报应税行为　　　　　B. 自行计算应纳税额

C. 自行购买印花税票　　　　　D. 自行一次贴足印花税票并注销

8. 车辆购置税的征税范围包括(   )。

A. 汽车　　　　　　　　　　　B. 有轨电车

C. 汽车挂车　　　　　　　　　D. 排气量超过一百五十毫升的摩托车

9. 应缴耕地占用税税额的大小取决于下列因素(   )。

A. 实际占用的应税土地面积　　B. 适用税额

C. 取得耕地的价款　　　　　　D. 占用耕地的时间

10. (   )经批准征用的耕地,免征耕地占用税。

A. 军事设施用地　　　　　　　B. 学校教学楼用地

C. 敬老院用地　　　　　　　　D. 农村居民用于新建住宅用地

11. 下列各项中属于土地增值税征税范围的有(   )。

A. 出让国有土地使用权　　　　B. 城市房地产的出租

C. 转让国有土地使用权　　　　D. 城市企业房地产的交换

12. 转让国有土地使用权、地上建筑及其附着物并取得收入的(   ),都是土地增值税的纳税义务人。

A. 学校　　　　B. 税务机关　　　C. 外籍个人　　　D. 国有企业

13. 下列项目中,按税法规定可以免征土地增值税的有(   )。

A. 国家机关转让自用的房产

B. 对国有企业评估增值的房产

C. 新建普通标准住宅出售,增值额未超过扣除项目金额 20% 的房产

D. 因国家建设需要而被政府征用的房产

14. 土地增值税纳税人应缴纳的与转让房地产有关的税金包括增值税、城市维护建设税、印花税以及视同税金的教育费附加。房地产开发企业可以单独扣除的有( )

A. 已计入管理费用的印花税　　B. 城市维护建设税

C. 增值税　　　　　　　　　　D. 教育费附加

15. 下列不通过"应交税费"核算的税种有( )。

A. 城市维护建设税　　　　　　B. 印花税

C. 耕地占用税　　　　　　　　D. 土地增值税

(三)判断题

1. 由受托方代收代缴消费税的,应代收代缴的城市维护建设税按委托方所在地的适用税率计算。( )

2. 城市维护建设税是增值税、消费税的附加税,因此它本身没有独立的征税对象。( )

3. 对应税凭证,凡由两方或两方以上当事人共同书立的,其当事人各方都是印花税的纳税人,应各就其所持凭证的计税金额履行纳税义务。( )

4. 根据规定,书立应税合同应当贴花,但是,如果已按规定贴花的合同没有兑现,税务机关应将印花税退还给纳税人。( )

5. 对于由委托方提供原材料的加工承揽合同,凡是合同中分别记载加工费金额和原材料金额的,应分别按"加工承揽合同"和"购销合同"计税贴花;若合同中未分别记载,则应就全部金额依照"加工承揽合同"计税贴花。( )

6. 纳税人进口自用应税车辆的计税价格,为关税完税价格加上关税和消费税。( )

7. 耕地占用税是按年计算、分次征收的。( )

8. 耕地占用税以纳税人实际占用耕地面积为计税依据。( )

9. 对于房地产的抵押,在抵押期间不征收土地增值税,但对于以房地产抵债而发生房地产权属转让的,则应征收土地增值税。( )

10. 对于一方出地,一方出资金,双方合作建房,建成后按比例分房自用或转让的,均暂免征收土地增值税。( )

二 业务技能实训

(一)城市维护建设税纳税申报实训

某市区一企业 2021 年 3 月 7 日缴纳 2 月的增值税 50 000 元,消费税 20 000 元,城市维护建设税税率为 7%,教育费附加征收率为 3%,地方教育费附加率为 1%。

要求:

(1)计算该企业本月应纳城市维护建设税、教育费附加和地方教育费附加。

(2)进行账务处理并填制城市维护建设税、教育费附加、地方教育附加纳税申报表(表 5-1)。

表 5-1　　　　　城市维护建设税 教育费附加 地方教育附加纳税申报表

税款所属期限:自　　年　月　日至　　年　月　日

纳税人识别号(统一社会信用代码):☐☐☐☐☐☐☐☐☐☐☐☐☐☐☐☐☐☐

纳税人名称:　　　　　　　　　　　　　　　　　金额单位:元(列至角分)

本期是否适用增值税小规模纳税人减征政策(减免性质代码_城市维护建设税:07049901,减免性质代码_教育费附加:61049901,减免性质代码_地方教育附加:99049901)	□是 □否	减征比例_城市维护建设税(%)	
		减征比例_教育费附加(%)	
		减征比例_地方教育附加(%)	

税(费)种	计税(费)依据					税率(征收率)	本期应纳税(费)额	本期减免税(费)额		本期增值税小规模纳税人减征额	本期已缴税(费)额	本期应补(退)税(费)额
	增值税			消费税	营业税	合计			减免性质代码	减免税(费)额			
	一般增值税	免抵税额											
	1	2	3	4	5=1+2+3+4	6	7=5×6	8	9	10	11	12=7-9-10-11
城建税												
教育费附加												
地方教育附加												
—												
合计					—							

谨声明:本纳税申报表是根据国家税收法律法规及相关规定填报的,是真实的、可靠的、完整的。

　　　　　　　　　　　　　　　　　　　　　　　　纳税人(签章):　　　　年 月 日

经办人: 经办人身份证号: 代理机构签章: 代理机构统一社会信用代码:	受理人: 受理税务机关(章): 受理日期:　　年 月 日

填表说明:

1. "纳税人识别号(统一社会信用代码)",填报税务机关核发的纳税人识别号或有关部门核发的统一社会信用代码。"纳税人名称",填报营业执照、税务登记证等证件载明的纳税人名称。

2. "本期是否适用增值税小规模纳税人减征政策(减免性质代码_城市维护建设税:07049901,减免性质代码_教育费附加:61049901,减免性质代码_地方教育附加:99049901)":纳税人自增值税一般纳税人按规定转登记为小规模纳税人的,自成为小规模纳税人的当月起适用减征优惠。增值税小规模纳税人按规定登记为一般纳税人的,自一般纳税人生效之日起不再适用减征优惠;增值税年应税销售额超过小规模纳税人标准应当登记为一般纳税人而未登记,经税务机关通知,逾期仍不办理登记的,自逾期次月起不再适用减征优惠。纳税人本期适用增值税小规模纳税人减征政策的,勾选"是";否则,勾选"否"。

3. "减征比例(%)",当地省级政府根据财税〔2019〕13号文件确定的减征比例,系统自动带出。

4. 第1栏"一般增值税",填写本期缴纳的一般增值税税额。

5. 第2栏"免抵税额",填写增值税免抵税额。

6. 第3栏"消费税",填写本期缴纳的消费税税额。

7. 第4栏"营业税",填写本期补缴以前年度的营业税税额,其附加不适用减征规定。

8. 第5栏"合计",反映本期缴纳的增值税、消费税税额合计。
9. 第6栏"税率(征收率)",填写城市维护建设税、教育费附加、地方教育附加的税率或征收率。
10. 第7栏"本期应纳(费)额",反映本期按适用税率(征收率)计算缴纳的应纳税额。计算公式为:7=5×6。
11. 第8栏"减免性质代码",该项按照国家税务总局制定下发的最新《减免税政策代码目录》中的最细项减免性质代码填写。有减免税情况的必填。
12. 第9栏"减免税(费)额",反映本期减免的税额。
13. 第10栏"本期增值税小规模纳税人减征额",反映符合条件的增值税小规模纳税人减征的税额。计算公式为:10=(7-9)×减征比例。
14. 第11栏"本期已缴税(费)额",填写本期应纳税(费)额中已经缴纳的部分。
15. 第12栏"本期应补(退)税(费)额",计算公式为:12=7-9-10-11。
16. 本表一式二份,一份纳税人留存,一份税务机关留存。

(二)印花税纳税申报实训

某企业2021年3月开业,领受房屋产权证、工商营业执照、组织机构代码证、土地使用证各一件;与其他企业订立转移专有技术使用权书据一份,所载金额为80万元;订立产品购销合同两份,所载金额共140万元;订立借款合同一份,所载金额为40万元。此外,企业的营业账簿中,"实收资本"账户载有资金200万元,其他账簿5本。以银行转账支票缴纳印花税。

要求:
(1)计算该企业本月应纳印花税。
(2)进行账务处理并填制印花税纳税申报报告表(表5-2)。

表 5-2　　　　　　　印花税纳税申报(报告)表

税款所属期限:自　年　月　日至　年　月　日
纳税人识别号(统一社会信用代码):□□□□□□□□□□□□□□□□□□
纳税人名称:　　　　　　　　　　　　　　　　　　金额单位:元(列至角分)

本期是否适用增值税小规模纳税人减征政策(减免性质代码:09049901)	□是 □否	减征比例(%)						
应税凭证	计税金额或件数	核定征收		适用税率	本期应纳税额	本期已缴税额	本期减免税额	本期增值税小规模纳税人减征额	本期应补(退)税额
		核定依据	核定比例				减免性质代码	减免税额		
	1	2	3	4	5=1×4+2×3×4	6	7	8	9	10=5-6-8-9
购销合同				0.3‰						
加工承揽合同				0.5‰						
建设工程勘察设计合同				0.5‰						

(续表)

应税凭证	计税金额或件数	核定征收 核定依据	核定征收 核定比例	适用税率	本期应纳税额	本期已缴税额	本期减免税额 减免性质代码	本期减免税额 减免税额	本期增值税小规模纳税人减征额	本期应补(退)税额
	1	2	3	4	5＝1×4＋2×3×4	6	7	8	9	10＝5－6－8－9
建筑安装工程承包合同				0.3‰						
财产租赁合同				1‰						
货物运输合同				0.5‰						
仓储保管合同				1‰						
借款合同				0.05‰						
财产保险合同				1‰						
技术合同				0.3‰						
产权转移书据				0.5‰						
营业账簿（记载资金的账簿）		—		0.5‰						
营业账簿（其他账簿）		—		5						
权利、许可证照		—		5						
合计		—	—	—						

谨声明:本纳税申报表是根据国家税收法律法规及相关规定填报的,是真实的、可靠的、完整的。

纳税人(签章)： 年 月 日

经办人：	受理人：
经办人身份证号：	受理税务机关(章)：
代理机构签章：	受理日期： 年 月 日
代理机构统一社会信用代码：	

填表说明：

1. "纳税人识别号（统一社会信用代码）"，填报税务机关核发的纳税人识别号或有关部门核发的统一社会信用代码。"纳税人名称"，填报营业执照、税务登记证等证件载明的纳税人名称。

2. 本期是否适用增值税小规模纳税人减征政策（减免税代码：09049901）：纳税人自增值税一般纳税人按规定转登记为小规模纳税人的，自成为小规模纳税人的当月起适用减征优惠。增值税小规模纳税人按规定登记为一般纳税人的，自一般纳税人生效之日起不再适用减征优惠；增值税年应税销售额超过小规模纳税人标准应当登记为一般纳税人而未登记，经税务机关通知，逾期仍不办理登记的，自逾期次月起不再适用减征优惠。纳税人本期适用增值税小规模纳税人减征政策的，勾选"是"；否则，勾选"否"。

3. 减征比例（%）：当地省级政府根据财税〔2019〕13号文件确定的减征比例，系统自动带出。

4. 第1栏"计税金额或件数"，填写合同、产权转移书据、营业账簿的金额，或权利、许可证照的件数。

5. 第2栏"核定依据"，填写核定征收的计税依据。

6. 第3栏"核定比例"，填写核定征收的核定比例。

7. 第5栏"本期应纳税额"，反映本期按适用税率计算缴纳的应纳税额。计算公式为：5＝1×4+2×3×4。

8. 第6栏"本期已缴税额"，填写本期应纳税额中已经缴纳的部分。

9. 第7栏"减免性质代码"，应该按照国家税务总局制定下发的最新《减免税政策代码目录》中的最细项减免性质代码填写。有减免税情况的必填。

10. 第8栏"减免税额"，反映本期减免的税额。

11. 第9栏"本期增值税小规模纳税人减征额"，反映符合条件的小规模纳税人减征的税额。计算公式为：9＝（5－8）×减征比例。

12. 第10栏"本期应补（退）税额"，计算公式为：10＝5－6－8－9。

13. 本表一式二份，一份纳税人留存，一份税务机关留存。

（三）车辆购置税纳税申报实训

某公司2021年3月10日为会计科购买吉利汽车一辆，销售机动车发票上标明的价格为39 500元，发动机号为00001号，排气量为1.0，车架号为12345。以银行转账支票缴纳车辆购置税。

要求：

(1)计算应纳车辆购置税。

(2)进行账务处理并填写车辆购置税纳税申报表（表5-3）。

表5-3　　　　　　　　车辆购置税纳税申报表

填表日期：　年　月　日　　　　行业代码：　　　　　注册类型代码：

纳税人名称：　　　　　　　　　　　　　　　　　　金额单位：元

纳税人证件名称		证件号码			
联系电话		邮政编码		地址	
车辆基本情况					
车辆类别	1.汽车□；2.摩托车□；3.电车□；4.挂车□；5.农用运输车□。				
生产企业名称			厂牌型号		
车辆识别代号（车架号码）			发动机号码		

(续表)

车辆购置信息					
机动车销售统一发票(或有效凭证)号码		机动车销售统一发票(或有效凭证)价格		价外费用	
关税完税价格		关税		消费税	
购置日期			免(减)税条件		
申报计税价格	计税价格	税率	应纳税额	免(减)税额	实纳税额
		10%			

申报人声明	授权声明
此纳税申报表是根据《中华人民共和国车辆购置税暂行条例》《车辆购置税征收管理办法》的规定填报的,是真实的、可靠的、完整的。	如果您已委托代理人办理申报,请填写以下资料: 　　为代理车辆购置税涉税事宜,现授权(　　)为本纳税人的代理申报人,任何与本申报表有关的往来文件,都可交予此人。
声明人(签名或盖章):	授权人(签名或盖章):

纳税人签名或盖章	如委托代理人的,代理人应填写以下各栏		代理人 (签名或盖章)
	代理人名称		
	经办人		
	经办人证件名称		
	经办人证件号码		

接收人:

接收日期:　　　　　　　　　　　　　主管税务机关(章):

备注:

填表说明:

1.本表由车辆购置税纳税人(或代理申报人)在办理纳税申报时填写。本表可由车辆购置税征收管理系统打印,交纳税人签章确认。

2."纳税人名称",填写纳税人名称。

3."纳税人证件名称"栏,单位纳税人填写《组织机构代码证》或《税务登记证》;个人纳税人填写《居民身份证》或其他身份证明名称。

4."证件号码"栏,填写《组织机构代码证》或《税务登记证》《居民身份证》或其他身份证件的号码。

5."车辆类别"栏,在表中所列项目中打√。

6."生产企业名称"栏,国产车辆填写国内生产企业名称,进口车辆填写国外生产企业名称。

7."厂牌型号""车辆识别代号(车架号码)""发动机号码"栏,分别填写车辆整车出厂合格证或《中华人民共和国海关货物进口证明书》或《中华人民共和国海关监管车辆进(出)境领(销)牌照通知书》或《没收走私汽车、摩托车证明书》中注明的车辆品牌和车辆型号、车辆识别代号(VIN,车架号码)、发动机号码。

8."机动车销售统一发票(或有效凭证)号码"栏,填写机动车销售统一发票(或有效凭证)上注明的号码。

9."机动车销售统一发票(或有效凭证)价格"栏,填写机动车销售统一发票(或有效凭证)上注明的含税价金额。

10."价外费用"填写销售方价外向购买方收取的基金、集资费、违约金(延期付款利息)和手续费、包装费、储存费、优质费、运输装卸费、保管费以及其他各种性质的价外收费,但不包括销售方代办保险等而向购买方收取的保险费,以及向购买方收取的代购买方缴纳的车辆购置税、车辆牌照费。

11.下列栏次由进口自用车辆的纳税人填写:

(1)"关税完税价格"栏,通过《海关进口关税专用缴款书》《海关进口消费税专用缴款书》《海关进口增值税专用缴款书》或其他资料进行采集,顺序如下:

①《海关进口关税专用缴款书》中注明的关税完税价格;

②在免关税的情况下,通过《海关进口消费税专用缴款书》中注明的完税价格和消费税税额计算关税完税价格;

③在免关税和免或不征消费税的情况下,采用《海关进口增值税专用缴款书》中注明的完税价格;

④在关税、消费税和增值税均免征或不征的情况下,通过其他资料采集关税完税价格。

(2)"关税"栏,填写《海关进口关税专用缴款书》中注明的关税税额;

(3)"消费税"栏,填写《海关进口消费税专用缴款书》中注明的消费税税额。

12."购置日期"栏,购买自用填写《机动车销售统一发票》(以下简称统一发票)或者其他有效凭证的开具日期;进口自用填写《海关进口增值税专用缴款书》或其他有效凭证的开具日期;自产、受赠、获奖或以其他方式取得并自用的,填写合同、法律文书或者其他有效凭证的生效或开具日期。

13."免(减)税条件"栏,按下列项目选择字母填写:

a.外国驻华使馆、领事馆和国际组织驻华机构的车辆

b.外交人员自用车辆

c.中国人民解放军和中国人民武装警察部队列入军队武器装备订货计划的车辆

d.设有固定装置的非运输车辆(列入免税图册车辆)

e.防汛车辆

f.森林消防车辆

g.留学人员购买车辆

h.来华专家购置车辆

i.农用三轮运输车

j.新能源车辆

k."母亲健康快车"项目专用车辆

l.芦山地震灾后恢复重建

m.计划生育流动服务车

n.城市公交企业购置公共汽电车辆

o.其他车辆

14."申报计税价格"栏,分别按下列要求填写:

(1)境内购置车辆,按"机动车销售统一发票(或有效凭证)价格"与"价外费用"合计填写;

(2)进口自用车辆,按计税价格填写,计税价格=关税完税价格+关税+消费税;

(3)自产、受赠、获奖或者以其他方式取得并自用的车辆,按机动车销售统一发票(不含税价格)或有效凭证注明的价格填写。

15."计税价格"栏,填写按规定确定的(核定)计税价格。

16."应纳税额"栏,计算公式为:应纳税额=计税价格×税率。

17."免(减)税额"栏,填写根据相关的车辆购置税优惠政策计算的免(减)税额。

18."实纳税额"栏,计算公式为:实纳税额=应纳税额-免(减)税额。

19."申报计税价格""计税价格""应纳税额""免(减)税额""实纳税额"栏,由税务机关填写。

20.本表一式二份(一车一表),一份由纳税人留存,一份由主管税务机关留存。

(四)土地增值税纳税申报实训

宏业房地产开发公司建造一幢普通标准住宅,2021年8月30日签订出售合同,取得销售收入1 000万元,与转让该房地产有关的税金为55万元。该公司为建造普通标准住宅而支付的地价款为100万元,建造此楼投入了300万元的房地产开发成本(其中:土地征用及拆迁补偿费40万元,前期工程费40万元,建筑安装工程费100万元,基础设施费80万元,开发间接费用40万元),由于该房地产开发公司同时建造别墅等住宅,对该普通标准住宅所用的银行贷款利息支出无法分摊,该地规定房地产开发费用的计提比例为10%。

要求:
(1)计算应纳土地增值税。
(2)进行账务处理并填写土地增值税项目登记表(表5-4)、土地增值税纳税申报表及附表(表5-5~表5-12)。

表5-4　　　　　　　　　　土地增值税项目登记表
(从事房地产开发的纳税人适用)

纳税人识别号(统一社会信用代码):
纳税人名称:　　　　　　　　　　　　　　　　　填表日期:　年　月　日
金额单位:元(列至角分)　　　　　　　　　　　　　面积单位:平方米

项目名称		项目地址		业　别	
经济性质		主管部门			
开户银行		银行账号			
地　　址		邮政编码		电　话	
土地使用权受让(行政划拨)合同号			受让(行政划拨)时间		
建设项目起迄时间		总预算成本		单位预算成本	
项目详细座落地点					
开发土地总面积		开发建筑总面积		房地产转让合同名称	
转让次序	转让土地面积(按次填写)		转让建筑面积(按次填写)	转让合同签订日期(按次填写)	
第1次					
第2次					
……					
备注					

(续表)

以下由纳税人填写:					
纳税人声明	此纳税申报表是根据《中华人民共和国土地增值税暂行条例》及其实施细则和国家有关税收规定填报的,是真实的、可靠的、完整的。				
纳税人签章		代理人签章		代理人身份证号	

以下由税务机关填写:

受理人		受理日期	年 月 日	受理税务机关签章	

填表说明:
1. 本表适用于从事房地产开发与建设的纳税人,在立项后及每次转让时填报。
2. 凡从事新建房及配套设施开发的纳税人,均应在规定的期限内,据实向主管税务机关填报本表所列内容。
3. 本表栏目的内容如果没有,可以空置不填。
4. 纳税人在填报土地增值税项目登记表时,应同时向主管税务机关提交土地使用权受让合同、房地产转让合同等有关资料。
5. 本表一式三份,送主管税务机关审核盖章后,两份由地方税务机关留存,一份退纳税人。

表 5-5　　　　　　　　　土地增值税纳税申报表(一)
(从事房地产开发的纳税人预征适用)

税款所属时间:自　年　月　日至　年　月　日　　　　　　填表日期:　年　月　日
项目名称:　　　　项目编号:　　　　　金额单位:元(列至角分);面积单位:平方米
纳税人识别号(统一社会信用代码):□□□□□□□□□□□□□□□□□□

房产类型	房产类型子目	收入				预征率(%)	应纳税额	税款缴纳	
		应税收入	货币收入	实物收入及其他收入	视同销售收入			本期已缴税额	本期应缴税额计算
	1	2=3+4+5	3	4	5	6	7=2×6	8	9=7-8
普通住宅									
非普通住宅									
其他类型房地产									
合　计	—					—			

以下由纳税人填写:

纳税人声明	此纳税申报表是根据《中华人民共和国土地增值税暂行条例》及其实施细则和国家有关税收规定填报的,是真实的、可靠的、完整的。				
纳税人签章		代理人签章		代理人身份证号	

(续表)

以下由税务机关填写:					
受理人		受理日期	年　月　日	受理税务机关签章	

本表一式两份,一份纳税人留存,一份税务机关留存。

填表说明:

1. 本表适用于从事房地产开发并转让的土地增值税纳税人,在每次转让时填报,也可按月或按各省、自治区、直辖市和计划单列市地方税务局规定的期限汇总填报。

2. 凡从事新建房及配套设施开发的纳税人,均应在规定的期限内,据实向主管税务机关填报本表所列内容。

3. 本表栏目的内容如果没有,可以空置不填。

4. 纳税人在填报土地增值税预征申报表时,应同时向主管税务机关提交《土地增值税项目登记表》等有关资料。

5. 项目编号是在进行房地产项目登记时,税务机关按照一定的规则赋予的编号,此编号会跟随项目的预征清算全过程。

6. 表第1列"房产类型子目"是主管税务机关规定的预征率类型,每一个子目唯一对应一个房产类型。

7. 表第3栏"货币收入",按纳税人转让房地产开发项目所取得的货币形态的收入额(不含增值税)填写。

8. 表第4栏"实物收入及其他收入",按纳税人转让房地产开发项目所取得的实物形态的收入和无形资产等其他形式的收入额(不含增值税)填写。

9. 表第5栏"视同销售收入",纳税人将开发产品用于职工福利、奖励、对外投资、分配给股东或投资人、抵偿债务、换取其他单位和个人的非货币性资产等,发生所有权转移时应视同销售房地产,其收入不含增值税。

10. 本表一式两份,送主管税务机关审核盖章后,一份由地方税务机关留存,一份退纳税人。

表 5-6

土地增值税纳税申报表(二)
(从事房地产开发的纳税人清算适用)

税款所属时间:自　年　月　日至　年　月　日　　　　　　填表日期:　年　月　日

金额单位:元(列至角分)　　　　　　　　　　　　　　　　面积单位:平方米

纳税人识别号(统一社会信用代码):□□□□□□□□□□□□□□□□□□

纳税人名称		项目名称		项目编号		项目地址	
所属行业		登记注册类型		纳税人地址		邮政编码	
开户银行		银行账号		主管部门		电话	
总可售面积				自用和出租面积			
已售面积		其中:普通住宅已售面积		其中:非普通住宅已售面积		其中:其他类型房地产已售面积	

(续表)

项　　　　目	行次	金　　额 普通住宅	非普通住宅	其他类型房地产	合计
一、转让房地产收入总额　1＝2＋3＋4	1				
其中　货币收入	2				
实物收入及其他收入	3				
视同销售收入	4				
二、扣除项目金额合计　5＝6＋7＋14＋17＋21＋22	5				
1. 取得土地使用权所支付的金额	6				
2. 房地产开发成本　7＝8＋9＋10＋11＋12＋13	7				
其中　土地征用及拆迁补偿费	8				
前期工程费	9				
建筑安装工程费	10				
基础设施费	11				
公共配套设施费	12				
开发间接费用	13				
3. 房地产开发费用　14＝15＋16	14				
其中　利息支出	15				
其他房地产开发费用	16				
4. 与转让房地产有关的税金等　17＝18＋19＋20	17				
其中　营业税	18				
城市维护建设税	19				
教育费附加	20				
5. 财政部规定的其他扣除项目	21				
6. 代收费用	22				
三、增值额　23＝1－5	23				
四、增值额与扣除项目金额之比（％）24＝23÷5	24				
五、适用税率（％）	25				
六、速算扣除系数（％）	26				
七、应缴土地增值税税额　27＝23×25－5×26	27				
八、减免税额　28＝30＋32＋34	28				
其中　减免税(1)　减免性质代码(1)	29				
减免税额(1)	30				
减免税(2)　减免性质代码(2)	31				
减免税额(2)	32				
减免税(3)　减免性质代码(3)	33				
减免税额(3)	34				
九、已缴土地增值税税额	35				
十、应补(退)土地增值税税额　36＝27－28－35	36				

(续表)

以下由纳税人填写：

纳税人声明	此纳税申报表是根据《中华人民共和国土地增值税暂行条例》及其实施细则和国家有关税收规定填报的，是真实的、可靠的、完整的。				
纳税人签章		代理人签章		代理人身份证号	

以下由税务机关填写：

受理人		受理日期	年 月 日	受理税务机关签章	

本表一式两份，一份纳税人留存，一份税务机关留存。

填表说明：

一、适用范围

土地增值税纳税申报表（二），适用从事房地产开发并转让的土地增值税纳税人。

二、土地增值税纳税申报表

（一）表头项目

1. 税款所属期是项目预征开始的时间，截至日期是税务机关规定（通知）申报期限的最后一日（应清算项目达到清算条件起90天的最后一日/可清算项目税务机关通知书送达起90天的最后一日）。

2. 纳税人识别号（统一社会信用代码）：填报税务机关核发的纳税人识别号或有关部门核发的统一社会信用代码。

3. 项目名称：填写纳税人所开发并转让的房地产开发项目全称。

4. 项目编号：是在进行房地产项目登记时，税务机关按照一定的规则赋予的编号，此编号会跟随项目的预征清算全过程。

5. 所属行业：根据《国民经济行业分类》（GB/T4754-2011）填写。该项可由系统根据纳税人识别号自动带出，无须纳税人填写。

6. 登记注册类型：单位，根据税务登记证或组织机构代码证中登记的注册类型填写；纳税人是企业的，根据国家统计局《关于划分企业登记注册类型的规定》填写。该项可由系统根据纳税人识别号自动带出，无须纳税人填写。

7. 主管部门：按纳税人隶属的管理部门或总机构填写。外商投资企业不填。

8. 开户银行：填写纳税人开设银行账户的银行名称；如果纳税人在多个银行开户的，填写其主要经营账户的银行名称。

9. 银行账号：填写纳税人开设的银行账户的号码；如果纳税人拥有多个银行账户的，填写其主要经营账户的号码。

（二）表中项目

1. 表第1栏"转让房地产收入总额"，按纳税人在转让房地产开发项目所取得的全部收入额（不含增值税）填写。

2. 表第2栏"货币收入"，按纳税人转让房地产开发项目所取得的货币形态的收入额（不含增值税）填写。

3. 表第3栏"实物收入及其他收入"，按纳税人转让房地产开发项目所取得的实物形态的收入和无形资产等其他形式的收入额（不含增值税）填写。

4. 表第4栏"视同销售收入"，纳税人将开发产品用于职工福利、奖励、对外投资、分配给股东或投资人、抵偿债务、换取其他单位和个人的非货币性资产等，发生所有权转移时应视同销售房地产，其收入不含增值税。

5. 表第6栏"取得土地使用权所支付的金额"，按纳税人为取得该房地产开发项目所需要的土地使用权而实际支付（补交）的土地出让金（地价款）及按国家统一规定交纳的有关费用的数额填写。

6. 表第8栏至表第13栏，应根据《中华人民共和国土地增值税暂行条例实施细则》（财法字〔1995〕6号，以下简称《细则》）规定的从事房地产开发所实际发生的各项开发成本的具体数额填写。

7. 表第15栏"利息支出"，按纳税人进行房地产开发实际发生的利息支出中符合《细则》第七条（三）规定的数额填写。如果不单独计算利息支出的,则本栏数额填写为"0"。

8. 表第 16 栏"其他房地产开发费用",应根据《细则》第七条(三)的规定填写。

9. 表第 18 栏至表第 20 栏,按纳税人转让房地产时所实际缴纳的税金数额(不包括增值税)填写。

10. 表第 21 栏"财政部规定的其他扣除项目",是指根据《中华人民共和国土地增值税暂行条例》(国务院令第 138 号,以下简称《条例》)和《细则》等有关规定所确定的财政部规定的扣除项目的合计数。

11. 表第 22 栏"代收费用",应根据《财政部国家税务总局关于土地增值税一些具体问题》(财税字〔1995〕48 号)规定"对于县级及县级以上人民政府要求房地产开发企业在售房时代收的各项费用,如果代收费用是计入房价中向购买方一并收取的,可作为转让房地产所取得的收入计税;如果代收费用未计入房价中,而是在房价之外单独收取的,可以不作为转让房地产的收入。对于代收费用作为转让收入计税的,在计算扣除项目金额时,可予以扣除,但不允许作为加计 20%扣除的基数;对于代收费用未作为转让房地产的收入计税的,在计算增值额时不允许扣除代收费用"填写。

12. 表第 25 栏"适用税率",应根据《条例》规定的四级超率累进税率,按所适用的最高一级税率填写。

13. 表第 26 栏"速算扣除系数",应根据《细则》第十条的规定找出相关速算扣除系数来填写。

14. 表第 29、31、33 栏"减免性质代码":按照税务机关最新制发的减免税政策代码表中最细项减免性质代码填报。表第 30、32、34 栏"减免税额"填写相应"减免性质代码"对应的减免税金额,纳税人同时享受多个减税政策应分别填写,不享受减免税的,不填写此项。

15. 表第 35 栏"已缴土地增值税税额",按纳税人已经缴纳的土地增值税的数额填写。

16. 表中每栏按照"普通住宅、非普通住宅、其他类型房地产"分别填写。

表 5-7　　　　　　　　　土地增值税纳税申报表(三)
　　　　　　　　　　　(非从事房地产开发的纳税人适用)

税款所属时间:自　年　月　日至　　年　月　日　　　　　填表日期:　年　月　日
金额单位:元(列至角分)　　　　　　　　　　　　　　　　面积单位:平方米
纳税人识别号(统一社会信用代码):□□□□□□□□□□□□□□□

纳税人名称			项目名称		项目地址	
所属行业		登记注册类型		纳税人地址	邮政编码	
开户银行		银行账号		主管部门	电　话	

项　目			行次	金　　额
一、转让房地产收入总额　1=2+3+4			1	
其中	货币收入		2	
	实物收入		3	
	其他收入		4	
二、扣除项目金额合计 　　(1)5=6+7+10+15 　　(2)5=11+12+14+15			5	
(1)提供评估价格	1.取得土地使用权所支付的金额		6	
	2.旧房及建筑物的评估价格 7=8×9		7	
	其中	旧房及建筑物的重置成本价	8	
		成新度折扣率	9	
	3.评估费用		10	

(续表)

	1.购房发票金额	11	
（2）提供购房发票	2.发票加计扣除金额 12＝11×5％×13	12	
	其中:房产实际持有年数	13	
	3.购房契税	14	
4.与转让房地产有关的税金等 15＝16＋17＋18＋19		15	
其中	营业税	16	
	城市维护建设税	17	
	印花税	18	
	教育费附加	19	
三、增值额 20＝1－5		20	
四、增值额与扣除项目金额之比(％)21＝20÷5		21	
五、适用税率(％)		22	
六、速算扣除系数(％)		23	
七、应缴土地增值税税额 24＝20×22－5×23		24	
八、减免税额(减免性质代码:_____)		25	
九、已缴土地增值税税额		26	
十、应补(退)土地增值税税额 27＝24－25－26		27	

以下由纳税人填写：

纳税人声明	此纳税申报表是根据《中华人民共和国土地增值税暂行条例》及其实施细则和国家有关税收规定填报的,是真实的、可靠的、完整的。		
纳税人签章		代理人签章	代理人身份证号

以下由税务机关填写：

受理人		受理日期	年　月　日	受理税务机关签章

本表一式两份,一份纳税人留存,一份税务机关留存。

填表说明：

一、适用范围

土地增值税纳税申报表(三)适用于非从事房地产开发的纳税人。该纳税人应在签订房地产转让合同后的七日内,向房地产所在地主管税务机关填报土地增值税纳税申报表(三)。

土地增值税纳税申报表(三)还适用于以下从事房地产开发的纳税人:将开发产品转为自用、出租等用途且已达到主管税务机关旧房界定标准后,又将该旧房对外出售的。

二、土地增值税纳税申报表(三)主要项目填表说明

(一)表头项目

1.纳税人识别号(统一社会信用代码):填报税务机关核发的纳税人识别号或有关部门核发的统一社会信用代码。

2. 项目名称:填写纳税人转让的房地产项目全称。

3. 登记注册类型:单位,根据税务登记证或组织机构代码证中登记的注册类型填写;纳税人是企业的,根据国家统计局《关于划分企业登记注册类型的规定》填写。该项可由系统根据纳税人识别号自动带出,无须纳税人填写。

4. 所属行业:根据《国民经济行业分类》(GB/T4754-2011)填写。该项可由系统根据纳税人识别号自动带出,无须纳税人填写。

5. 主管部门:按纳税人隶属的管理部门或总机构填写。外商投资企业不填。

(二)表中项目

土地增值税纳税申报表(三)的各主要项目内容,应根据纳税人转让的房地产项目作为填报对象。纳税人如果同时转让两个或两个以上房地产的,应分别填报。

1. 表第1栏"转让房地产收入总额",按纳税人转让房地产所取得的全部收入额(不含增值税)填写。

2. 表第2栏"货币收入",按纳税人转让房地产所取得的货币形态的收入额(不含增值税)填写。

3. 表第3、4栏"实物收入""其他收入",按纳税人转让房地产所取得的实物形态的收入和无形资产等其他形式的收入额(不含增值税)填写。

4. 表第6栏"取得土地使用权所支付的金额",按纳税人为取得该房地产开发项目所需要的土地使用权而实际支付(补交)的土地出让金(地价款)及按国家统一规定交纳的有关费用的数额填写。

5. 表第7栏"旧房及建筑物的评估价格",是指根据《中华人民共和国土地增值税暂行条例》(国务院令第138号,以下简称《条例》)和《中华人民共和国土地增值税暂行条例实施细则》(财法字〔1995〕6号,以下简称《细则》)等有关规定,按重置成本法评估旧房及建筑物并经当地税务机关确认的评估价格的数额。本栏由第8栏与第9栏相乘得出。如果本栏数额能够直接根据评估报告填报,则本表第8、9栏可以不必再填报。

6. 表第8栏"旧房及建筑物的重置成本价",是指按照《条例》和《细则》规定,由政府批准设立的房地产评估机构评定的重置成本价。

7. 表第9栏"成新度折扣率",是指按照《条例》和《细则》规定,由政府批准设立的房地产评估机构评定的旧房及建筑物的新旧程度折扣率。

8. 表第10栏"评估费用",是指纳税人转让旧房及建筑物时因计算纳税的需要而对房地产进行评估,其支付的评估费用允许在计算增值额时予以扣除。

9. 表第11栏"购房发票金额",区分以下情形填写:提供营业税销售不动产发票的,按发票所载金额填写;提供增值税专用发票的,按发票所载金额与不允许抵扣进项税额合计金额数填写;提供增值税普通发票的,按照发票所载价税合计金额数填写。

10. 表第12栏"发票加计扣除金额"是指购房发票金额乘以房产实际持有年数乘以5%的积数。

11. 表第13栏"房产实际持有年数"是指,按购房发票所载日期起至售房发票开具之日止,每满12个月计一年;未满12个月但超过6个月的,可以视同为一年。

12. 表第14栏"购房契税"是指购房时支付的契税。

13. 表第15栏"与转让房地产有关的税金等"为表第16栏至表第19栏的合计数。

14. 表第16栏至表第19栏,按纳税人转让房地产时实际缴纳的有关税金的数额填写。开具营业税发票的,按转让房地产时缴纳的营业税数额填写;开具增值税发票的,第16栏营业税为0。

15. 表第22栏"适用税率",应根据《条例》规定的四级超率累进税率,按所适用的最高一级税率填写。

16. 表第23栏"速算扣除系数",应根据《细则》第十条的规定找出相关速算扣除系数填写。

表 5-8

土地增值税纳税申报表（四）
（从事房地产开发的纳税人清算后尾盘销售适用）

税款所属时间：自 年 月 日至 年 月 日　　　　　填表日期： 年 月 日

金额单位：元（列至角分）　　　　　　　　　　　　　面积单位：平方米

纳税人识别号（统一社会信用代码）：□□□□□□□□□□□□□□□□□□

纳税人名称		项目名称		项目编号		项目地址	
所属行业		登记注册类型		纳税人地址		邮政编码	
开户银行		银行账号		主管部门		电话	

项　　目			行次	金　额			
				普通住宅	非普通住宅	其他类型房地产	合计
一、转让房地产收入总额　1＝2＋3＋4			1				
其中	货币收入		2				
	实物收入及其他收入		3				
	视同销售收入		4				
二、扣除项目金额合计			5				
三、增值额　6＝1－5			6				
四、增值额与扣除项目金额之比(％)7＝6÷5			7				
五、适用税率(核定征收率)(％)			8				
六、速算扣除系数(％)			9				
七、应缴土地增值税税额　10＝6×8－5×9			10				
八、减免税额　11＝13＋15＋17			11				
其中	减免税(1)	减免性质代码(1)	12				
		减免税额(1)	13				
	减免税(2)	减免性质代码(2)	14				
		减免税额(2)	15				
	减免税(3)	减免性质代码(3)	16				
		减免税额(3)	17				
九、已缴土地增值税税额			18				
十、应补(退)土地增值税税额　19＝10－11－18			19				

以下由纳税人填写：

纳税人声明	此纳税申报表是根据《中华人民共和国土地增值税暂行条例》及其实施细则和国家有关税收规定填报的，是真实的、可靠的、完整的。

(续表)

| 纳税人签章 | | 代理人签章 | | 代理人身份证号 | |

以下由税务机关填写：

| 受理人 | | 受理日期 | 年　月　日 | 受理税务机关签章 | |

本表一式两份，一份纳税人留存，一份税务机关留存。

<u>填表说明：</u>

一、适用范围

土地增值税纳税申报表（四），适用于从事房地产开发与建设的纳税人，在清算后尾盘销售时填报，各行次应按不同房产类型分别填写。

二、土地增值税纳税申报表

（一）表头项目

1.纳税人识别号（统一社会信用代码）：填报税务机关核发的纳税人识别号或有关部门核发的统一社会信用代码。

2.项目名称：填写纳税人所开发并转让的房地产开发项目全称。

3.项目编号：是在进行房地产项目登记时，税务机关按照一定的规则赋予的编号，此编号会跟随项目的预征清算全过程。

4.所属行业：根据《国民经济行业分类》（GB/T4754—2011）填写。该项可由系统根据纳税人识别号自动带出，无须纳税人填写。

5.登记注册类型：单位，根据税务登记证或组织机构代码证中登记的注册类型填写；纳税人是企业的，根据国家统计局《关于划分企业登记注册类型的规定》填写。该项可由系统根据纳税人识别号自动带出，无须纳税人填写。

6.主管部门：按纳税人隶属的管理部门或总机构填写。外商投资企业不填。

7.开户银行：填写纳税人开设银行账户的银行名称；如果纳税人在多个银行开户的，填写其主要经营账户的银行名称。

8.银行账号：填写纳税人开设的银行账户的号码；如果纳税人拥有多个银行账户的，填写其主要经营账户的号码。

（二）表中项目

1.表第1栏"转让房地产收入总额"，按纳税人在转让房地产开发项目所取得的全部收入额（不含增值税）填写。

2.表第2栏"货币收入"，按纳税人转让房地产开发项目所取得的货币形态的收入额（不含增值税）填写。

3.表第3栏"实物收入及其他收入"，按纳税人转让房地产开发项目所取得的实物形态的收入和无形资产等其他形式的收入额（不含增值税）填写。

4.表第4栏"视同销售收入"，纳税人将开发产品用于职工福利、奖励、对外投资、分配给股东或投资人、抵偿债务、换取其他单位和个人的非货币性资产等，发生所有权转移时应视同销售房地产，其收入不含增值税。

5.表第5栏各类型"扣除项目金额合计"应为附表"清算后尾盘销售土地增值税扣除项目明细表"中对应的该类型扣除项目金额合计数额。

6.表第8栏"适用税率"，应根据《中华人民共和国土地增值税暂行条例》（国务院令第138号）规定的四级超率累进税率，按所适用的最高一级税率填写。

7.表第9栏"速算扣除系数"，应根据《中华人民共和国土地增值税暂行条例实施细则》（财法字〔1995〕6号）第十条的规定找出相关速算扣除系数来填写。

8.表第12、14、16栏"减免性质代码"：按照税务机关最新制发的减免税政策代码表中最细项减免性质代码填报。表第13、15、17栏"减免税额"填写相应"减免性质代码"对应的减免税金额，纳税人同时享受多个减免税政策应分别填写，不享受减免税的，不填写此项。

9. 表第 18 栏 "已缴土地增值税税额"，按纳税人已经缴纳的土地增值税的数额填写。

10. 表中每栏按照"普通住宅、非普通住宅、其他类型房地产"分别填写。

表 5-9

附表　　　　　　　清算后尾盘销售土地增值税扣除项目明细表

纳税人名称：

税款所属期：自　　年　　月　　日至　　年　　月　　日　　　　填表日期：　　年　　月　　日

金额单位：元（列至角分）　　　　　　　　　　　　　　　　　　　　面积单位：平方米

纳税人识别号（统一社会信用代码）：□□□□□□□□□□□□□□□□□□

纳税人名称		项目名称		项目编号		项目地址	
所属行业		登记注册类型		纳税人地址		邮政编码	
开户银行		银行账号		主管部门		电话	
项目总可售面积		清算时已售面积		清算后剩余可售面积			

项目	行次	普通住宅	非普通住宅	其他类型房地产	合计
本次清算后尾盘销售的销售面积	1				
单位成本费用	2				—
扣除项目金额合计 3＝1×2	3				—
本次与转让房地产有关的营业税		本次与转让房地产有关的城市维护建设税		本次与转让房地产有关的教育费附加	

以下由纳税人填写：

纳税人声明	此纳税申报表是根据《中华人民共和国土地增值税暂行条例》及其实施细则和国家有关税收规定填报的，是真实的、可靠的、完整的。		
纳税人签章	代理人签章		代理人身份证号

以下由税务机关填写：

受理人	受理日期	年　月　日	受理税务机关签章

填表说明：

1. 本表适用于从事房地产开发与建设的纳税人，在清算后尾盘销售时填报。
2. 项目总可售面积应与纳税人清算时填报的总可售面积一致。
3. 清算时已售面积应与纳税人清算时填报的已售面积一致。
4. 清算后剩余可售面积＝项目总可售面积－清算时已售面积。
5. 本表一式两份，送主管税务机关审核盖章后，一份由地方税务机关留存，一份退纳税人。

表 5-10　　　　　　　　　土地增值税纳税申报表(五)
　　　　　　　　　(从事房地产开发的纳税人清算方式为核定征收适用)

税款所属时间:自　年　月　日至　年　月　日　　　　　　填表日期：　年　月　日
金额单位:元(列至角分)　　　　　　　　　　　　　　　　　面积单位:平方米
税人识别号(统一社会信用代码):□□□□□□□□□□□□□□□□□□

纳税人名称		项目名称		项目编号		项目地址	
所属行业		登记注册类型		纳税人地址		邮政编码	
开户银行		银行账号		主管部门		电话	

项　目		行次	金　额			合计
			普通住宅	非普通住宅	其他类型房地产	
一、转让房地产收入总额		1				
其中	货币收入	2				
	实物收入及其他收入	3				
	视同销售收入	4				
二、扣除项目金额合计		5				
1.取得土地使用权所支付的金额		6				
2.房地产开发成本		7				
其中	土地征用及拆迁补偿费	8				
	前期工程费	9				
	建筑安装工程费	10				
	基础设施费	11				
	公共配套设施费	12				
	开发间接费用	13				
3.房地产开发费用		14				
其中	利息支出	15				
	其他房地产开发费用	16				
4.与转让房地产有关的税金等		17				
其中	营业税	18				
	城市维护建设税	19				
	教育费附加	20				
5.财政部规定的其他扣除项目		21				
6.代收费用		22				

81

(续表)

三、增值额	23	
四、增值额与扣除项目金额之比(%)	24	
五、适用税率(核定征收率)(%)	25	
六、速算扣除系数(%)	26	
七、应缴土地增值税税额	27	
八、减免税额 28＝30＋32＋34	28	
其中	减免税(1)	减免性质代码(1)	29	
		减免税额(1)	30	
	减免税(2)	减免性质代码(2)	31	
		减免税额(2)	32	
	减免税(3)	减免性质代码(3)	33	
		减免税额(3)	34	
九、已缴土地增值税税额	35	
十、应补(退)土地增值税税额 36＝27－28－35	36	

以下由纳税人填写：

纳税人声明	此纳税申报表是根据《中华人民共和国土地增值税暂行条例》及其实施细则和国家有关税收规定填报的，是真实的、可靠的、完整的。
纳税人签章		代理人签章		代理人身份证号	

以下由税务机关填写：

| 受理人 | | 受理日期 | 年 月 日 | 受理税务机关签章 | |

本表一式两份，一份纳税人留存，一份税务机关留存。

填表说明：

一、适用范围

土地增值税纳税申报表(五)，适用于从事房地产开发与建设的纳税人，清算方式为核定征收时填报，各行次应按不同房产类型分别填写。纳税人在填报土地增值税纳税申报表(五)时，应同时提交税务机关出具的核定文书。

二、土地增值税纳税申报表

(一)表头项目

1.纳税人识别号(统一社会信用代码)：填报税务机关核发的纳税人识别号或有关部门核发的统一社会信用代码。

2.项目名称：填写纳税人所开发并转让的房地产开发项目全称。

3.项目编号：是在进行房地产项目登记时，税务机关按照一定的规则赋予的编号，此编号会跟随项目的预征清算全过程。

4.所属行业：根据《国民经济行业分类》(GB/T4754-2011)填写。该项可由系统根据纳税人识别号自动带出，无须纳税人填写。

5.登记注册类型：单位，根据税务登记证或组织机构代码证中登记的注册类型填写；纳税人是企业的，根据国家统计局《关于划分企业登记注册类型的规定》填写。该项可由系统根据纳税人识别号自动带出，无须纳税人填写。

6.主管部门:按纳税人隶属的管理部门或总机构填写。外商投资企业不填。

7.开户银行:填写纳税人开设银行账户的银行名称;如果纳税人在多个银行开户的,填写其主要经营账户的银行名称。

8.银行账号:填写纳税人开设的银行账户的号码;如果纳税人拥有多个银行账户的,填写其主要经营账户的号码。

(二)表中项目按税务机关出具的核定文书要求填写。

表 5-11   土地增值税纳税申报表(六)
(纳税人整体转让在建工程适用)

税款所属时间:自 年 月 日至 年 月 日   填表日期: 年 月 日

金额单位:元(列至角分)   面积单位:平方米

纳税人识别号(统一社会信用代码):□□□□□□□□□□□□□□□□□□

纳税人名称		项目名称	项目编号		项目地址	
所属行业		登记注册类型	纳税人地址		邮政编码	
开户银行		银行账号	主管部门		电话	

项 目		行次	金 额
一、转让房地产收入总额 1=2+3+4		1	
其中	货币收入	2	
	实物收入及其他收入	3	
	视同销售收入	4	
二、扣除项目金额合计 5=6+7+14+17+21		5	
1.取得土地使用权所支付的金额		6	
2.房地产开发成本 7=8+9+10+11+12+13		7	
其中	土地征用及拆迁补偿费	8	
	前期工程费	9	
	建筑安装工程费	10	
	基础设施费	11	
	公共配套设施费	12	
	开发间接费用	13	
3.房地产开发费用 14=15+16		14	
其中	利息支出	15	
	其他房地产开发费用	16	
4.与转让房地产有关的税金等 17=18+19+20		17	
其中	营业税	18	
	城市维护建设税	19	
	教育费附加	20	

(续表)

5.财政部规定的其他扣除项目	21	
三、增值额 22＝1－5	22	
四、增值额与扣除项目金额之比(%)23＝22÷5	23	
五、适用税率(核定征收率)(%)	24	
六、速算扣除系数(%)	25	
七、应缴土地增值税税额 26＝22×24－5×25	26	
八、减免税额(减免性质代码：＿＿＿＿)	27	
九、已缴土地增值税税额	28	
十、应补(退)土地增值税税额 29＝26－27－28	29	

以下由纳税人填写：

纳税人声明	此纳税申报表是根据《中华人民共和国土地增值税暂行条例》及其实施细则和国家有关税收规定填报的,是真实的、可靠的、完整的。			
纳税人签章		代理人签章		代理人身份证号

以下由税务机关填写：

受理人		受理日期	年 月 日	受理税务机关签章

填表说明：

一、适用范围

土地增值税纳税申报表(六),适用于从事房地产开发与建设的纳税人,及非从事房地产开发的纳税人,在整体转让在建工程时填报,数据应填列至其他类型房地产类型中。

二、土地增值税纳税申报表

(一)表头项目

1.纳税人识别号(统一社会信用代码):填报税务机关核发的纳税人识别号或有关部门核发的统一社会信用代码。

2.项目名称:填写纳税人所开发并转让的房地产开发项目全称。

3.项目编号:是在进行房地产项目登记时,税务机关按照一定的规则赋予的编号,此编号会跟随项目的预征清算全过程。

4.所属行业:根据《国民经济行业分类》(GB/T4754-2011)填写。该项可由系统根据纳税人识别号自动带出,无须纳税人填写。

5.登记注册类型:单位,根据税务登记证或组织机构代码证中登记的注册类型填写;纳税人是企业的,根据国家统计局《关于划分企业登记注册类型的规定》填写。该项可由系统根据纳税人识别号自动带出,无须纳税人填写。

6.主管部门:按纳税人隶属的管理部门或总机构填写。外商投资企业不填。

7.开户银行:填写纳税人开设银行账户的银行名称;如果纳税人在多个银行开户的,填写其主要经营账户的银行名称。

8.银行账号:填写纳税人开设的银行账户的号码;如果纳税人拥有多个银行账户的,填写其主要经营账户的号码。

(二)表中项目

1.表第1栏"转让房地产收入总额",按纳税人在转让房地产开发项目所取得的全部收入额(不含增值税)填写。

2.表第2栏"货币收入",按纳税人转让房地产开发项目所取得的货币形态的收入额(不含增值税)填写。

3. 表第3栏"实物收入及其他收入",按纳税人转让房地产开发项目所取得的实物形态的收入和无形资产等其他形式的收入额(不含增值税)填写。

4. 表第4栏"视同销售收入",纳税人将开发产品用于职工福利、奖励、对外投资、分配给股东或投资人、抵偿债务、换取其他单位和个人的非货币性资产等,发生所有权转移时应视同销售房地产,其收入不含增值税。

5. 表第6栏"取得土地使用权所支付的金额",按纳税人为取得该房地产开发项目所需要的土地使用权而实际支付(补交)的土地出让金(地价款)及按国家统一规定交纳的有关费用的数额填写。

6. 表第8栏至第13栏,应根据《中华人民共和国土地增值税暂行条例实施细则》(财法字〔1995〕6号,以下简称《细则》)规定的从事房地产开发所实际发生的各项开发成本的具体数额填写。

7. 表第15栏"利息支出",按纳税人进行房地产开发实际发生的利息支出中符合《细则》第七条(三)规定的数额填写。如果不单独计算利息支出,则本栏数额填写为"0"。

8. 表第16栏"其他房地产开发费用",应根据《细则》第七条(三)的规定填写。

9. 表第18栏至表第20栏,按纳税人转让房地产时所实际缴纳的税金数额(不包括增值税)填写。

10. 表第21栏"财政部规定的其他扣除项目",是指根据《中华人民共和国土地增值税暂行条例》(国务院令第138号,以下简称《条例》)和《细则》等有关规定所确定的财政部规定的扣除项目的合计数。

11. 表第24栏"适用税率",应根据《条例》规定的四级超率累进税率,按所适用的最高一级税率填写。

12. 表第25栏"速算扣除系数",应根据《细则》第十条的规定找出相关速算扣除系数来填写。

13. 表第27栏"减免性质代码":按照税务机关最新制发的减免税政策代码表中的最细项减免性质代码填报。

14. 表第28栏"已缴土地增值税税额",按纳税人已经缴纳的土地增值税的数额填写。

15. 数据应填列至其他类型房地产类型中。

表5-12　　　　　　　　土地增值税纳税申报表(七)
　　　　　　　　　　(非从事房地产开发的纳税人核定征收适用)

税款所属时间:自　年　月　日至　年　月　日　　　　　　　　填表日期:　年　月　日
金额单位:元(列至角分)　　　　　　　　　　　　　　　　　面积单位:平方米
纳税人识别号(统一社会信用代码):☐☐☐☐☐☐☐☐☐☐☐☐☐☐☐☐☐☐

纳税人名称		项目名称		项目地址	
所属行业		登记注册类型		纳税人地址		邮政编码	
开户银行		银行账号		主管部门		电　　话	

项　　目			行次	金　　额
一、转让房地产收入总额			1	
其中	货币收入		2	
	实物收入		3	
	其他收入		4	
二、扣除项目金额合计			5	
(1)提供评估价格	1.取得土地使用权所支付的金额		6	
	2.旧房及建筑物的评估价格		7	
	其中	旧房及建筑物的重置成本价	8	
		成新度折扣率	9	
	3.评估费用		10	

(续表)

项　　目		行次	金　　额
（2）提供购房发票	1.购房发票金额	11	
	2.发票加计扣除金额	12	
	其中:房产实际持有年数	13	
	3.购房契税	14	
4.与转让房地产有关的税金等		15	
其中	营业税	16	
	城市维护建设税	17	
	印花税	18	
	教育费附加	19	
三、增值额		20	
四、增值额与扣除项目金额之比(%)		21	
五、适用税率(核定征收率)(%)		22	
六、速算扣除系数(%)		23	
七、应缴土地增值税税额		24	
八、减免税额(减免性质代码：＿＿＿＿＿＿)		25	
九、已缴土地增值税税额		26	
十、应补(退)土地增值税税额　27＝24－25－26		27	

以下由纳税人填写：

纳税人声明	此纳税申报表是根据《中华人民共和国土地增值税暂行条例》及其实施细则和国家有关税收规定填报的,是真实的、可靠的、完整的。
纳税人签章		代理人签章		代理人身份证号	

以下由税务机关填写：

受理人		受理日期	年　月　日	受理税务机关签章	

本表一式两份,一份纳税人留存,一份税务机关留存。

填表说明：

一、适用范围

土地增值税纳税申报表(七)适用于非从事房地产开发的纳税人,清算方式为核定征收时填报。该纳税人应在签订房地产转让合同后的七日内,向房地产所在地主管税务机关填报土地增值税纳税申报表(七)。

土地增值税纳税申报表(七)还适用于以下从事房地产开发的纳税人核定征收时填报：将开发产品转为自用、出租等用途且已达到主管税务机关旧房界定标准后,又将该旧房对外出售的。

纳税人在填报土地增值税纳税申报表(七)时,应同时提交税务机关出具的核定文书。

二、土地增值税纳税申报表(七)主要项目填表说明

(一)表头项目

1.纳税人识别号(统一社会信用代码): 填报税务机关核发的纳税人识别号或有关部门核发的统一社会信用代码。

2.项目名称:填写纳税人转让的房地产项目全称。

3.登记注册类型:单位,根据税务登记证或组织机构代码证中登记的注册类型填写;纳税人是企业的,根据国家统计局《关于划分企业登记注册类型的规定》填写。该项可由系统根据纳税人识别号自动带出,无须纳税人填写。

4.所属行业:根据《国民经济行业分类》(GB/T4754-2011)填写。该项可由系统根据纳税人识别号自动带出,无须纳税人填写。

5.主管部门:按纳税人隶属的管理部门或总机构填写。外商投资企业不填。

(二)表中项目按税务机关出具的核定文书要求填写。

项目六 财产税纳税实训

一 基本技能实训

(一)单项选择题

1. 关于房产税纳税期限,下列说法正确的是( )。
   A. 房产税按月征收,分期缴纳
   B. 房产税按年征收,分期缴纳
   C. 房产税按季征收,分期缴纳
   D. 房产税一般按半年征收一次,分期缴纳

2. 王某拥有两处房产,一处原值 50 万元的房产供自己和家人居住,另一处原值 30 万元的房产于 2021 年 7 月 1 日出租给李某居住,按市场价每月取得租金收入 1 050 元(含增值税)。王某当年应缴纳的房产税为( )。当地政府规定允许按房产原值减除 20% 后的余值计税。
   A. 720 元　　　　B. 576 元　　　　C. 240 元　　　　D. 868 元

3. 某运输公司 2019 年有货运汽车(带挂车)10 辆,每辆汽车自重 40 吨;公司所在地载货汽车年税额 96 元/吨。该公司全年应缴纳车船税( )。
   A. 1 920 元　　　B. 19 200 元　　　C. 3 840 元　　　D. 38 400 元

4. 下列需要缴纳车船税的是( )。
   A. 拖拉机　　　　　　　　　　　B. 纯电动乘用车
   C. 燃料电池乘用车　　　　　　　D. 非机动驳船

5. 契税的纳税义务发生时间为纳税人签订土地、房屋权属转移合同的( )。
   A. 次日　　　　B. 当天　　　　C. 7 日内　　　　D. 10 日内

6. 甲企业以自有房产作为抵押向某商业银行借入一年期贷款 2 000 万元,房产账面价值 1 800 万元,抵押时市价 2 200 万元;一年后无力偿还,将房产折价给银行抵偿了 2 300 万元的债务本息,抵债时房产市价 2 500 万元(均为不含增值税价格)。当地规定的契税税率为 3%,契税的正确处理是( )。
   A. 甲企业应纳契税 60 万元　　　　B. 甲企业应纳契税 75 万元
   C. 银行应纳契税 75 万元　　　　　D. 银行应纳契税 69 万元

7. 投资性房地产应纳房产税,借记( )账户。

A."管理费用" B."税金及附加"

C."销售费用" D."其他业务成本"

8. 企业按规定计算应交的车船税,借记( )账户。

A."税金及附加" B."管理费用"

C."销售费用" D."其他业务成本"

9. 企业取得土地使用权应交契税,借记( )账户。

A."固定资产" B."无形资产"

C."销售费用" D."其他业务成本"

10. 企业取得房屋所有权时按规定应当缴纳的契税,借记( )账户。

A."固定资产" B."无形资产"

C."销售费用" D."其他业务成本"

(二)多项选择题

1. 房产税的纳税人包括( )。

A. 产权属国家所有的,由经营管理单位纳税

B. 产权属集体和个人所有的,由集体单位和个人纳税

C. 产权出典的,由出典人纳税

D. 产权未确定的,由房产代管人或使用人纳税

2. 在房产税实行从价计征情况下,其房产原值一次减除的比率和税率分别为( )。

A. 10%~20% B. 10%~30%

C. 1.2% D. 12%

3. 下列属于免征房产税的有( )。

A. 武装警察办公的房产 B. 医疗机构的房产

C. 宗教寺庙自用房产 D. 应税房产大修停用三个月以上的房产

4. 下列各项中,符合房产税纳税义务发生时间规定的有( )。

A. 将原有房产用于生产经营,从生产经营次月起缴纳房产税

B. 委托施工企业建设的房屋,从办理验收手续次月起缴纳房产税

C. 购置存量房,自权属登记机关签发房屋权属证书次月起缴纳房产税

D. 购置新建商品房,自权属登记机关签发房屋权属证书次月起缴纳房产税

5. 可以享受车船税减免税优惠政策的有( )。

A. 除驳船以外的非机动车船

B. 在农业部门登记为拖拉机的车辆

C. 武警专用的车辆

D. 各级国家机关使用的车船

6.下列项目中,以"辆"为计税依据计算车船税的有(　　)。

A.船舶　　　　　B.摩托车　　　　　C.客车　　　　　D.货车

7.下列各项中,应当征收契税的有(　　)。

A.以房产抵债　　　　　　　　　B.将房产赠与他人

C.以房产作投资　　　　　　　　D.子女继承父母房产

8.下列各项中,可以享受契税免税优惠的有(　　)。

A.城镇职工自己购买商品住房

B.政府机关承受房屋用于办公

C.遭受自然灾害后重新购买住房

D.军事单位承受房屋用于军事设施

9.(　　)的应纳房产税记入"税金及附加"账户借方。

A.居民个人出租房地产　　　　　B.办公楼

C.车间　　　　　　　　　　　　D.企业出借房产

10.契税应记入的账户有(　　)账户。

A."管理费用"　　　　　　　　　B."固定资产"

C."无形资产"　　　　　　　　　D."在建工程"

(三)判断题

1.对于房地产开发企业建造的商品房,在出售前,一律不征收房产税。(　　)

2.房产出租时,如果以劳务为报酬抵付房租收入的,应根据当地同类劳务的平均价格折算为房租收入,据此计征房产税。(　　)

3.个人所有的房产,除出租外,一律免征房产税。(　　)

4.申报缴纳房产税时,应借记"应交税费——应交房产税"账户。(　　)

5.车船税的纳税义务发生时间,应当以购买车船的发票或者其他证明文件所载日期的当月为准。(　　)

6.已缴纳车船税的车船在同一纳税年度内办理转让过户的,应另纳税。(　　)

7.购置的新车船,购置当年的应纳税额自纳税义务发生的当月起按月计算,应纳税额为年应纳税额除以12再乘以应纳税月份数。(　　)

8.临时入境的外国车船和香港特别行政区、澳门特别行政区、台湾地区的车船,也征收车船税。(　　)

9.土地使用权交换、房屋交换的计税依据,为交换土地使用权、房屋的价格差额,由多交付的一方缴纳契税。(　　)

10.缴纳契税必须通过"应交税费——应交契税"账户。(　　)

二 业务技能实训

某运输公司2021年拥有财产情况如下：

1.房产原值为30 000万元，3月28日将其中原值为10 000万元的临街房作为投资性房地产出租给某连锁商店，4月1日起收取租金，月租金50万元（不含增值税）。当地政府规定允许按房产原值减除20%后的余值计税，房产税按季缴纳。

2.拥有商用车货车12辆（2辆已经报停，货车整备质量吨位均为5吨）；商用车客车35辆；乘用车2辆（1.5升的1辆，3.0升的1辆），假设商用车货车的单位税额为每吨50元，商用车客车每辆600元，1.5升的乘用车每辆500元，3.0升的乘用车每辆2 400元。年初一次性缴纳车船税。

3.12月购买一幢办公楼，成交价格为2 000万元（不含增值税），当地规定的契税税率为3%。用银行存款缴纳房款和契税。

要求：

(1)根据以上业务计算该公司2021年应缴纳房产税、车船税、契税。

(2)进行账务处理并填制相关的纳税申报表（表6-1至表6-3）。

表6-1　　　　　　　　房产税纳税申报表

税款所属期：自　年　月　日至　年　月　日

纳税人识别号（统一社会信用代码）：□□□□□□□□□□□□□□□□□□

纳税人名称：　　　　　金额单位：人民币元（列至角分）；　　　　　面积单位：平方米

本期是否适用增值税小规模纳税人减征政策（减免性质代码：08049901）	□是 □否	本期适用增值税小规模纳税人减征政策起始时间	年　月	减征比例(%)
		本期适用增值税小规模纳税人减征政策终止时间	年　月	

一、从价计征房产税

	房产编号	房产原值	其中：出租房产原值	计税比例	税率	所属期起	所属期止	本期应纳税额	本期减免税额	本期增值税小规模纳税人减征额	本期已缴税额	本期应补(退)税额
1	*											
2	*											
3	*											
4	*											
5	*											
6	*											
7	*											

(续表)

	房产编号	房产原值	其中:出租房产原值	计税比例	税率	所属期起	所属期止	本期应纳税额	本期减免税额	本期增值税小规模纳税人减征额	本期已缴税额	本期应补(退)税额
8	*											
9	*											
10	*											
合计	*	*	*	*	*	*	*					

二、从租计征房产税

	本期申报租金收入	税率	本期应纳税额	本期减免税额	本期增值税小规模纳税人减征额	本期已缴税额	本期应补(退)税额
1							
2							
3							
合计							

谨声明:本纳税申报表是根据国家税收法律法规及相关规定填报的,是真实的、可靠的、完整的。

纳税人(签章): 　　　　　　　年 月 日

经办人:	受理人:
经办人身份证号:	受理税务机关(章):
代理机构签章:	受理日期:　　年 月 日
代理机构统一社会信用代码:	

填表说明:

1.本表适用于在中华人民共和国境内申报缴纳房产税的单位和个人。

2.本表依据《中华人民共和国税收征收管理法》《中华人民共和国房产税暂行条例》制定,为房产税纳税申报表主表。本表包括现行使用的三个附表,附表一为《房产税减免明细申报表》,附表二为《从价计征房产税税源明细表》,附表三为《从租计征房产税税源明细表》。首次申报或变更申报时纳税人提交《从价计征房产税税源明细表》和《从租计征房产税税源明细表》后,本表除"本期是否适用增值税小规模纳税人减征政策""本期适用增值税小规模纳税人减征政策起始时间"和"本期适用增值税小规模纳税人减征政策终止时间"外,其他数据项由系统自动生成。

3.纳税人识别号(统一社会信用代码):填报税务机关核发的纳税人识别号或有关部门核发的统一社会信用代码。

4.纳税人名称:填报营业执照、税务登记证等证件载明的纳税人名称。

5.本期是否适用增值税小规模纳税人减征政策(减免性质代码:08049901):纳税人在税款所属期内有任意一个月份为增值税小规模纳税人的,勾选"是";否则,勾选"否"。

6.本期适用增值税小规模纳税人减征政策起始时间:如果税款所属期内纳税人一直为增值税小规模纳税人,填写税款所属期起始月份;如果税款所属期内纳税人由增值税一般纳税人转登记为增值税小规模纳税人,填写成为增值税小规模纳税人的月份。如,税款所属期为2021年1月至6月,按月申报增值税的某企业在2021年2月11日前为增值税一般纳税人,2月11日转登记为增值税小规模纳税人,该企业本期适用增值税小规模纳税人减征政策起始日期为2021年3月,应在本栏填写"2021年3月"。系统默认为税款所属期起始月份,纳税人可以修改。

7. 本期适用增值税小规模纳税人减征政策终止时间:如果税款所属期内纳税人一直为增值税小规模纳税人,填写税款所属期终止月份;如果税款所属期内纳税人由增值税小规模纳税人转登记为增值税一般纳税人,填写增值税一般纳税人生效之日上月;经税务机关通知,逾期仍不办理增值税一般纳税人登记的,自逾期次月起不再适用减征优惠,填写逾期当月所在的月份。如,税款所属期为2021年1月至6月,某企业在2021年5月1日前为增值税小规模纳税人,5月1日为一般纳税人的生效之日,该企业适用增值税小规模纳税人减征优惠终止日期为2021年4月,应在本栏填写"2021年4月"。如果小规模纳税人状态没有发生变化,系统自动带出终止时间为税款所属期终止月,纳税人可以修改。

8. 减征比例(%):当地省级政府根据财税〔2019〕13号文件确定的减征比例,系统自动带出。

9. 房产编号*:纳税人不必填写。由税务机关的管理系统赋予编号。

10. 房产原值:本项为《从价计征房产税税源明细表》相应数据项的汇总值。

11. 出租房产原值:本项为《从价计征房产税税源明细表》相应数据项的汇总值。

12. 计税比例:系统应当允许各地自行配置。配置好后,系统预设在表单中。

13. 税率:系统预设,无须纳税人填写,并允许各地自行配置。从价配置默认1.2%,从租配置默认12%。

14. 所属期起:税款所属期内税款所属的起始月份。起始月份不同的房产应当分行填写。默认为税款所属期的起始月份。但是,当《从价计征房产税税源明细表》中取得时间晚于税款所属期起始月份的,所属期起为"取得时间"的次月;《从价计征房产税税源明细表》中经核准的困难减免的起始月份晚于税款所属期起始月份的,所属期起为"经核准的困难减免的起始月份";《从价计征房产税税源明细表》中变更类型选择信息项变更的,变更时间晚于税款所属期起始月份的,所属期起为"变更时间"。

15. 所属期止:税款所属期内税款所属的终止月份。终止月份不同的房产应当分行填写。默认为税款所属期的终止月份。但是,《从价计征房产税税源明细表》中变更类型选择"纳税义务终止"的,变更时间早于税款所属期终止月份的,所属期止为"变更时间";《从价计征房产税税源明细表》中"经核准的困难减免的终止月份"早于税款所属期终止月份的,所属期止为"经核准的困难减免的终止月份"。

16. 本期应纳税额、本期减免税额、本期增值税小规模纳税人减征额、本期应补(退)税额计算公式如下:

(1) 本期增值税小规模纳税人减征额

本期增值税小规模纳税人减征额为税款所属期内适用增值税小规模纳税人减征优惠各月减征额的合计,增值税小规模纳税人月减征额=(当月应纳税额-当月减免税额)×减征比例。

系统需逐月判断税款所属期内各个月份是否适用增值税小规模纳税人减征优惠,如果系统判断某月适用减征优惠,则减征比例为各省、自治区、直辖市人民政府确定的减征比例;如果系统判断某月不适用减征优惠,则减征比例为0。

(2) 从价计征房产税的

本期应纳税额=∑(房产原值-出租房产原值)×计税比例×税率÷12×(所属期止月份-所属期起月份+1);

本期减免税额=∑《从价计征房产税税源明细表》月减免税额×(所属期止月份-所属期起月份+1);

本期应补(退)税额=本期应纳税额-本期减免税额-本期增值税小规模纳税人减征额-本期已缴税额。

(3) 从租计征房产税的

本期应纳税额=∑本期应税租金收入×适用税率;

本期减免税额=∑《从租计征房产税税源明细表》月减免税额×(所属期止月份-所属期起月份+1);

本期应补(退)税额=本期应纳税额-本期减免税额-本期增值税小规模纳税人减征额-本期已缴税额。

17. 本表一式二份,一份纳税人留存,一份税务机关留存。

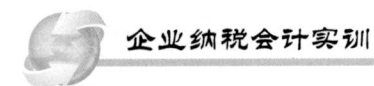

表6-2　　　　　　　　　　　　　　　车船税纳税申报表

纳税人识别号(统一社会信用代码): ☐☐☐☐☐☐☐☐☐☐☐☐☐☐☐☐☐☐

纳税人名称:(公章)

税款所属期限:自　年　月　日至　年　月　日

填表日期:　年　月　日　　　　　　　　　　　　　　　　　　　　金额单位:元(列至角分)

税 目			计税单位	年税额标准	数量	整备质量/净吨位	本期应纳税额	本期减免税额	本期已缴税额	本期应补(退)税额
乘用车(核定载客人数小于或等于9人)		1.0升(含)以下的	每辆			—				
		1.0升以上至1.6升(含)的	每辆			—				
		1.6升以上至2.0升(含)的	每辆			—				
		2.0升以上至2.5升(含)的	每辆			—				
		2.5升以上至3.0升(含)的	每辆			—				
		3.0升以上至4.0升(含)的	每辆			—				
		4.0升以上的	每辆			—				
商用车		大型客车(核定载客人数大于或等于20人)	每辆			—				
		中型客车(核定载客人数大于9人小于20人)	每辆			—				
	货车	普通货车	整备质量每吨							
		半挂牵引车	整备质量每吨							
		低速载货汽车	整备质量每吨							
		三轮汽车	整备质量每吨							
其他车辆		挂车	整备质量每吨							
		专用作业车	整备质量每吨							
		轮式专用机械车	整备质量每吨							
		摩托车	每辆							
小计					—					
船舶	机动船舶	净吨位小于或等于200吨	每吨	3						
		净吨位201吨至2 000吨	每吨	4						
		净吨位2 001吨至10 000吨	每吨	5						
		净吨位10 001吨及以上	每吨	6						
	游船	艇身长度小于等于10米	每米	600						
		艇身长度大于10米小于等于18米	每米	900						
		艇身长度大于18米小于等于30米	每米	1 300						
		艇身长度大于30米	每米	2 000						
		辅助动力帆艇	每米	600						
小计					—					
合计										

（续表）

纳税人或代理人声明： 此纳税申报表是根据国家税收法律的规定填报的，我确信它是真实的、可靠的、完整的。	如纳税人填报，由纳税人填写以下各栏			
^	经办人（签章）		会计主管（签章）	法定代表人（签章）
^	如委托代理人填报，由代理人填写以下各栏			
^	代理人名称			代理人（签章）
^	经办人（签章）			^
^	联系电话			^

以下由税务机关填写

受理人		受理日期		受理税务机关（签章）	

填表说明：

一、本表适用于自行申报车船税的纳税人填报。

二、本表"税目"相应栏次分别根据《附表》同类型车船对应栏次合计填写。本表一式三份，一份纳税人留存；一份主管税务机关留存；一份由纳税人交给保险公司作为纳税车船的明细信息。

表6-3　　　　　　　　　　契税纳税申报表

填表日期：　年　月　日　　　　　　　　金额单位：元（列至角分）；面积单位：平方米

纳税人识别号（统一社会信用代码）：□□□□□□□□□□□□□□□□□□

承受方信息	名称			□单位　□个人	
^	登记注册类型		所属行业		
^	身份证件类型	身份证□　护照□　其他□____	身份证件号码		
^	联系人		联系方式		
转让方信息	名称			□单位　□个人	
^	纳税人识别号（统一社会信用代码）		登记注册类型	所属行业	
^	身份证件类型		身份证件号码	联系方式	
土地房屋权属转移信息	合同签订日期		土地、房屋坐落地址	权属转移对象	设立下拉列框*
^	权属转移方式	设立下拉列框	用途	设立下拉列框	家庭唯一普通住房	□90平方米以上 □90平方米及以下
^	权属转移面积		成交价格	成交单价	
税款征收信息	评估价格		计税价格	税率	
^	计征税额		减免性质代码	减免税额	应纳税额

以下由纳税人填写：

纳税人声明	此纳税申报表是根据《中华人民共和国契税暂行条例》和国家有关税收规定填报的，是真实的、可靠的、完整的。
纳税人签章	
^	代理人签章	代理人身份证号	

以下由税务机关填写：

受理人		受理日期	年　月　日	受理税务机关签章	

本表一式二份，一份纳税人留存，一份税务机关留存。

填表说明：

1.本表依据《中华人民共和国税收征收管理法》《中华人民共和国契税暂行条例》设计制定。纳税申报必须填写本表。

2.本表适用于在中国境内承受土地、房屋权属的单位和个人。纳税人应当在签订土地、房屋权属转移合同或者取得其他具有土地、房屋权属转移合同性质凭证后10日内，向土地、房屋所在地契税征收机关填报契税纳税申报表，申报纳税。对于个人间的二手房权属转移，纳税人可通过填报二手房交易综合申报表进行契税纳税申报，不需再填报契税纳税申报表。

3.填报日期：填写纳税人办理纳税申报的实际日期。

4.本表各栏的填写说明如下：

(1)纳税人识别号(统一社会信用代码)：填写税务机关赋予的纳税人识别号或有关部门核发的统一社会信用代码。

(2)承受方及转让方名称：承受方、转让方是党政机关、企事业单位的，应按照国家人事、民政部门批准设立或者工商部门注册登记的全称填写；承受方、转让方是自然人的，应按照本人有效身份证件上标注的姓名填写。

(3)登记注册类型：承受方、转让方是企业的填写此栏。根据国家统计局《关于划分企业登记注册类型的规定》填写。

(4)所属行业：承受方、转让方是党政机关、企事业单位的填写此栏。根据《国民经济行业分类》(GB/T 4754—2017)填写。

(5)身份证件类型：填写能识别纳税人唯一身份的有效证照名称。纳税人为自然人的，必选。选择类型为：身份证、护照、其他，必选一项，选择"其他"的，请注明证件的具体类型。

(6)身份证件号码：填写纳税人身份证件上的号码。

(7)联系人：填写单位法定代表人或纳税人本人姓名；联系方式：填写常用联系电话及通信地址。

(8)合同签订日期：指承受方与转让方签订土地、房屋转移合同的当日，或者承受方取得其他具有土地、房屋转移合同性质凭证的当日。

(9)土地、房屋坐落地址：土地使用权转移，应填写土地坐落地址及地号；房屋权属转移，应同时填写土地坐落地址(含地号)和房屋坐落地址。

(10)权属转移对象：分土地、房屋两类一级指标；房屋下的二级指标设增量房和存量房；增量房和存量房下的三级指标均设普通商品住房、非普通商品住房、保障性住房、其他住房和非住房。

(11)权属转移方式：房产按1.房屋买卖2.房屋赠与3.房屋交换4.房屋作价入股5.其他填写；土地按1.国有土地使用权出让2.土地使用权买卖3.土地使用权赠与4.土地使用权交换5.土地使用权作价入股。

(12)用途：土地按1.居住用地2.商业用地3.工业用地4.综合用地5.其他用地填写；住房按居住填写；非住房按1.居住2.商业3.办公4.商住5.附属建筑6.工业7.其他填写。

(13)权属转移面积：按土地、房屋权属转移合同确定的面积填写。

(14)成交价格：按土地、房屋权属转移合同确定的价格(包括承受者应交付的货币、实物、无形资产或者其他经济利益，折算成人民币金额)填写；房屋交换为所交换房屋所支付的差价，差价小于零则填"0"；居民因个人房屋被征收而重新购置房屋或选择房屋产权调换的，以购房价格超过征收补偿部分的金额填写。成交单价：单位面积的成交价格。

(15)税率：3%~5%，根据各省市确定的适用税率填写。家庭唯一普通住房亦按适用税率而非优惠税率填写。如某省规定，该省住房适用税率为3%，对个人购买90平方米以下家庭住房的，在填报契税纳税申报表时，税率应按3%而非1%填写。

(16)住房：根据国家规划部门规划的房产用途或房产证上标注的房产用途填写，商住房等混合用途房产不列为住房。

(17)普通住房：指符合各地按照《建设部 发展改革委 财政部 国土资源部 人民银行 税务总局 银监会关于做好稳定住房价格工作的意见》(国办发〔2005〕26号)规定制定的本地普通住房标准的住房。

(18)评估价格，是指依据一定的评估方法对房地产所做的客观合理估价。如果纳税人成交价格明显低于市场价格并且无正当理由，并需要核定或评估的，则按照"存量房交易计税价格评估系统"评估的价格或评估机构出具的评估价格填写。

(19)计税价格:是指由征收机关按照《中华人民共和国契税暂行条例》及有关规定确定的成交价格或者核定价格。

(20)减免性质代码:对按照契税政策规定享受减免税的,应按税务机关最新制发的减免税政策代码表中最细项减免性质代码填写。对同时享受税额式(税基式)减免税及税率式减免税的(如同时享受房屋征收免税及家庭唯一普通住房税率优惠),减免性质代码按税率式减免对应的代码填写。不享受减免税的,不填写此项。

(21)计征税额:计征税额=计税价格×适用税率,适用税率即(13)条中确认的税率。

(22)减免税额:减免税额=计税价格×(适用税率-优惠税率)×减免税比例,减免税比例按各地确定的减免税比例计算,享受免税的,减免税比例为100%,不享受减免税的,不填写此项。

同时享受税额式(税基式)减免税及税率式减免税的,减免税额为按税率式减免计算的减免税额。其中,90平方米及以下家庭唯一普通住房的,优惠税率为1%;面积为90平方米的,减按1.5%的税率征收契税。

(23)应纳税额:应纳税额=计征税额-减免税额。

如,王某的住房被政府征收后选择货币补偿并重新购置了80平方米的房屋,购房成交价格超过货币补偿10万元,按现行政策规定,王某应就超过货币补偿的10万元缴纳契税,同时,由于该房屋符合当地普通房屋标准,且为王某家庭唯一住房,可享受1%优惠税率,当地契税适用税率为3%。由此计算,计征税额=100 000×3%=3 000(元),减免税额=100 000×(3%-1%)=2 000(元),应纳税额=100 000×1%=1 000(元)。

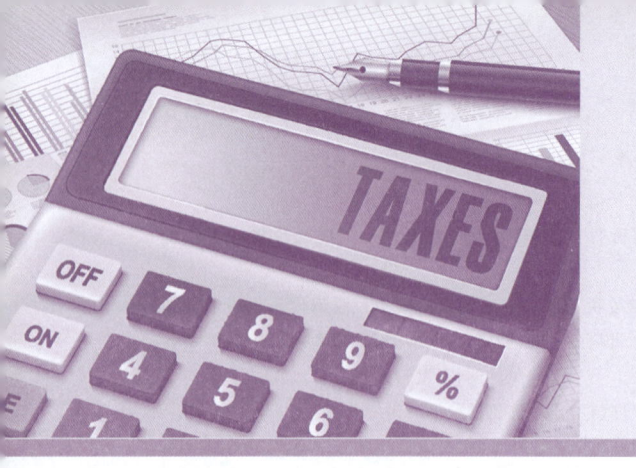

项目七 资源税纳税实训

一 基本技能实训

（一）单项选择题

1. 资源税的应纳税额,按照（　　）的办法计算。
   A. 从价定率　　　　　　　　　　B. 从价定率或者从量定额
   C. 从量定额　　　　　　　　　　D. 复合计征

2. 以下以原矿为征税对象的是（　　）。
   A. 铁矿　　　　B. 铜矿　　　　C. 铝土矿　　　　D. 锡矿

3. 下列（　　）资源税的税率是11%。
   A. 钼矿　　　　B. 钨矿　　　　C. 原油　　　　D. 稀土矿

4. 某纳税人本期以自产液体盐50 000吨和外购液体盐20 000吨（每吨已缴纳资源税5元）加工固体盐24 000吨对外销售,取得销售收入1 200万元。已知固体盐税额为每吨30元,该纳税人本期应缴纳（　　）资源税。
   A. 72万元　　　B. 122万元　　　C. 50万元　　　D. 62万元

5. 城镇土地使用税是对城市、县城、建制镇和工矿区范围内使用土地的单位和个人,按（　　）和规定税额计算征收的一种地方税。
   A. 实际占用土地面积　　　　　　B. 建筑面积
   C. 实际使用土地面积　　　　　　D. 纳税人申报的土地面积

6. 某公司与政府机关共同使用一栋共有土地使用权的建筑物。该建筑物占用土地面积4 000平方米,建筑物面积20 000平方米（公司与机关的占用比例为4∶1）,该公司所在市城镇土地使用税单位税额每平方米5元。该公司应纳城镇土地使用税为（　　）。
   A. 0元　　　　B. 4 000元　　　C. 8 000元　　　D. 16 000元

7. 下列占用土地的行为,应征收城镇土地使用税的是（　　）。
   A. 国家机关自用土地　　　　　　B. 公园自用土地
   C. 企业能区分的学校用地　　　　D. 企业内绿化占用的土地

8. 金属和非金属矿产品原矿,因无法准确掌握纳税人移送使用原矿数量的,可将其精矿按（　　）折算成的原矿数量作为课税数量。

A.综合回收率 B.销售数量
C.选矿比 D.开采数量

9.企业对外销售的应税矿产品,按规定计算出应纳资源税税额,借记(　　)账户,贷记"应交税费——应交资源税"账户。

A."生产成本" B."制造费用"
C."材料采购" D."税金及附加"

10.城镇土地使用税的计算方法为(　　)。

A.从价定率 B.从价定率或者从量定额
C.从量定额 D.复合计征

(二)多项选择题

1.下列矿产品应纳资源税的有(　　)。

A.原油 B.铁矿石 C.煤气 D.固体盐

2.根据资源税的有关规定,资源税的扣缴义务人包括(　　)。

A.独立矿山 B.联合企业
C.其他收购未税矿产品的单位 D.开采单位

3.下列(　　)单位和个人的生产经营行为应缴纳资源税。

A.冶炼企业进口矿石 B.个体经营者开采煤矿
C.军事单位开采石油 D.中外合作开采天然气

4.下列关于城镇土地使用税纳税义务人的表述正确的有(　　)。

A.城镇土地使用税由拥有土地使用权的单位和个人缴纳
B.土地使用权未确定或权属纠纷未解决的,由实际使用人纳税
C.土地使用权共有的,由共有各方分别纳税
D.外商投资企业和外国企业不缴纳城镇土地使用税

5.城镇土地使用税的征税范围包括(　　)。

A.城市 B.县城 C.建制镇 D.工矿区

6.下列各项中,应缴纳城镇土地使用税的有(　　)。

A.用于水产养殖业的生产用地 B.名胜古迹园区内附设的照相馆用地
C.公园中管理单位的办公用地 D.学校食堂对外营业的餐馆用地

7.企业自产自用应税矿产品,按规定计算应纳资源税税额,借记(　　)等账户,贷记"应交税费——应交资源税"账户。

A."生产成本" B."制造费用"
C."材料采购" D."税金及附加"

8.企业收购未税矿产品,按代扣代缴的资源税税额,借记(　　)等账户,贷记"应交税费——应交资源税"账户。

A."生产成本" B."在途物资"

C."材料采购"　　　　　　　　　　D."税金及附加"

9.按规定计算应交的城镇土地使用税时,借记(　　)账户,贷记"应交税费——应交城镇土地使用税"账户。

　　A."生产成本"　　　　　　　　　　B."管理费用"

　　C."材料采购"　　　　　　　　　　D."税金及附加"

10.下列城镇土地使用税纳税义务发生时间说法正确的有(　　)。

　　A.实行按年计算、分期缴纳的方法

　　B.纳税人购置新建商品房,自房屋交付使用次月起,缴纳城镇土地使用税

　　C.纳税人购置存量房,自办理房屋权属转移、变更登记手续,房地产权属登记机关签发房屋权属证书次月起,缴纳城镇土地使用税

　　D.纳税人出租、出借房产,自交付出租、出借房产次月起,缴纳城镇土地使用税

(三)判断题

1.我国目前对所有资源均开征资源税。　　　　　　　　　　　　　　　(　　)

2.纳税人开采应税产品由其关联单位对外销售的,按其关联单位的销售额征收资源税。　　　　　　　　　　　　　　　　　　　　　　　　　　　　　(　　)

3.资源税仅对在中国境内开采或生产应税产品的单位和个人征收,对进口的矿产品和盐不征收。　　　　　　　　　　　　　　　　　　　　　　　(　　)

4.进口的矿产品和盐,不征收资源税;出口的矿产品和盐,也不免征或退还已纳资源税。　　　　　　　　　　　　　　　　　　　　　　　　　　　(　　)

5.城镇土地使用税的征税对象是国有土地和农业用地。　　　　　　　(　　)

6.城镇土地使用税为了调节土地的级差收入,实行差别幅度税额。　　(　　)

7.城镇土地使用税的征税范围是城市、县城、镇和工矿区范围内的国家所有的土地。　　　　　　　　　　　　　　　　　　　　　　　　　　　　(　　)

8.纳税单位无偿使用免税单位的土地免征城镇土地使用税,免税单位无偿使用纳税单位的土地照章征收城镇土地使用税。　　　　　　　　　　　　(　　)

9.企业外购液体盐加工成固体盐,在购入液体盐时,按允许抵扣的资源税,贷记"应交税费——应交资源税"账户。　　　　　　　　　　　　　　　(　　)

10.纳税人应纳的资源税,应当向机构所在地主管税务机关缴纳。　　(　　)

二　业务技能实训

1.某油田股份有限公司,纳税人识别号(统一社会信用代码):略;会计主管:王玉柱。2021年3月销售给龙山冶炼厂原油300吨,不含增值税单价4 000元/吨;天然气600千立方米,不含增值税单价2元/立方米,银行通知款已入账,并于4月8日进行纳税申报。

要求：

(1)计算该油田3月份应纳资源税税额并进行会计处理。

(2)填写资源税纳税申报表(表7-1)。

表7-1　　　　　　　　　　　资源税纳税申报表

纳税人识别号(统一社会信用代码)：□□□□□□□□□□□□□□□□□□

纳税人名称：　　　　　　　　　　　　　　　　　　　　　　金额单位：元(列至角分)

税款所属时间：自　年　月　日至　年　月　日

本期是否适用增值税小规模纳税人减征政策 (减免性质代码:06049901)				是□ 否□			减征比例(%)			
税目	子目	计量单位	计税销售数量	计税销售额	适用税率	本期应纳税额	本期减免税额	本期增值税小规模纳税人减征额	本期已缴税额	本期应补(退)税额
1	2	3	4	5	6	7①=4×6 7②=5×6	8	9=(7-8)× 减征比例	10	11=7-8-9-10
合　计	—									

谨声明：本纳税申报表是根据国家税收法律法规及相关规定填报的,是真实的、可靠的、完整的。

　　　　　　　　　　　　　　　　　　　　　　纳税人(签章)：　　　　　年　月　日

经办人： 经办人身份证号： 代理机构签章： 代理机构统一社会信用代码：	受理人： 受理税务机关(章)： 受理日期：　年　月　日

填表说明：

1. 本表为资源税纳税申报表主表,适用于缴纳资源税的纳税人填报。

2. "纳税人识别号(统一社会信用代码)"：填报税务机关核发的纳税人识别号或有关部门核发的统一社会信用代码。"纳税人名称"：填报营业执照、税务登记证等证件载明的纳税人名称。"税款所属期限"是指纳税人申报的资源税应纳税额的所属期限,应填写具体的起止年、月、日。

3. "本期是否适用增值税小规模纳税人减征政策(减免性质代码:0604901)"：纳税人自增值税一般纳税人按规定转登记为小规模纳税人的,自成为小规模纳税人的当月起适用减征优惠。增值税小规模纳税人按规定登记为一般纳税人的,自一般纳税人生效之日起不再适用减征优惠;增值税年应税销售额超过小规模纳税人标准应当登记为一般纳税人而未登记,经税务机关通知,逾期仍不办理登记的,自逾期次月起不再适用减征优惠。纳税人本期适用增值税小规模纳税人减征政策的,勾选"是"；否则,勾选"否"。

4. "减征比例(%)"：填写当地省级政府根据《财政部税务总局关于实施小微企业普惠性税收减免政策的通知》(财税(2019)13号)确定的减征比例,系统自动带出。

5. 第1栏"税目"：填写《中华人民共和国资源税法》后附《资源税税目税率表》规定的税目。申报多个税目的,可增加行次。

6. 第2栏"子目"：填写同一税目下不同的征税对象或明细项目,如"原矿""选矿"等。

7. 第3栏"计量单位":填写资源税计税销售数量的计量单位,如"吨""立方米"等。

8. 第4栏"计税销售数量":填写通过附表"申报计算明细"第6栏计算得出的计征资源税的应税产品销售数量,包括实际销售和自用两部分。

9. 第5栏"计税销售额":填写通过附表"申报计算明细"第10栏计算得出的计征资源税的应税产品销售额,包括实际销售和自用两部分。

10. 第6栏"适用税率":填写《中华人民共和国资源税法》所附《资源税税目税率表》规定的应税产品具体适用税率或各省、自治区、直辖市公布的应税产品具体适用税率。从价计征税目的适用税率为比例税率,如原油为6%,即填6%;从量计征税目的适用税率为定额税率,如某税目每立方米3元,即填3。

11. 第7栏"本期应纳税额":填写本期按适用税率计算缴纳的应纳税额。从量计征税目应纳税额计算公式为7①=4×6;从价计征税目应纳税额计算公式为7②=5×6。

12. 第8栏"本期减免税额":填写通过附表计算得出的本期减免的资源税税额。如不涉及减免税事项,纳税人不需填写附表中"减免税计算明细",系统会将其"本期减免税额"默认为0。

13. 第9栏"本期增值税小规模纳税人减征额":填写符合条件的小规模纳税人减征的资源税额,计算公式为9=(7-8)×减征比例。

14. 第10栏"本期已缴税额":填写本期应纳税额中已经缴纳的部分。

15. 第11栏"本期应补(退)税额":本期应补(退)税额=本期应纳税额-本期减免税额-增值税小规模纳税人减征额-本期已缴税额。

16. 本表一式两份,一份纳税人留存,一份税务机关留存。

2. 某矿山联合企业2021年3月开采并销售铁矿石原矿2 000吨。铁矿石精矿不含增值税销售额为5 000元/吨,原矿不含增值税销售额为1 000元/吨,选矿比为20%,资源税税率为3%。该企业实际占地面积共为26 000平方米,其中6 000平方米为厂区以外的绿化区,企业子弟学校占地1 000平方米(单独核算),出租2 000平方米的土地给其他企业使用,出借1 000平方米土地给部队作为训练场地。该企业所处地段适用年税额为2元/平方米。

要求:

(1)计算销售铁矿石应纳资源税。

(2)计算收购未税铁矿石应代扣代缴的资源税。

(3)计算该企业应缴纳的城镇土地使用税。

(4)对以上业务做出相应的账务处理。

3. A北方盐场2021年3月生产固体盐1 000吨(本月已全部对外销售),共耗用液体盐1 300吨,其中600吨是本企业自产的液体盐,另700吨液体盐全部从另一盐场购进。已知液体盐单位税额为每吨3元,固体盐单位税额为每吨25元。

要求:

(1)计算该盐场应纳资源税税额,并进行相关会计处理。

(2)填写资源税纳税申报表(表7-2)。

表 7-2　　　　　　　　　　　　资源税纳税申报表

纳税人识别号(统一社会信用代码):□□□□□□□□□□□□□□□□□□

纳税人名称:　　　　　　　　　　　　　　　　　　　　　金额单位:元(列至角分)

税款所属时间:自　　年　月　日至　　年　月　日

本期是否适用增值税小规模纳税人减征政策 (减免性质代码:06049901)				是□ 否□				减征比例(%)		
税目	子目	计量单位	计税销售数量	计税销售额	适用税率	本期应纳税额	本期减免税额	本期增值税小规模纳税人减征额	本期已缴税额	本期应补(退)税额
1	2	3	4	5	6	7①=4×6 7②=5×6	8	9=(7-8)×减征比例	10	11=7-8-9-10
合　计	—	—			—					

谨声明:本纳税申报表是根据国家税收法律法规及相关规定填报的,是真实的、可靠的、完整的。

　　　　　　　　　　　　　　　　　　　　　　　　　　纳税人(签章):　　　　　　年　月　日

经办人: 经办人身份证号: 代理机构签章: 代理机构统一社会信用代码:	受理人: 受理税务机关(章): 受理日期:　　年　月　日

项目八 企业所得税纳税实训

一 基本技能实训

(一)单项选择题

1. 对符合条件居民企业在一个纳税年度内技术转让所得额在(　　)以上部分减半征收企业所得税。
   A. 100万元　　　B. 180万元　　　C. 500万元　　　D. 800万元

2. 国家需要重点扶持的高新技术企业,其企业所得税的税率为(　　)。
   A. 10%　　　　B. 12%　　　　C. 15%　　　　D. 20%

3. 企业为开发新技术、新产品、新工艺发生的研究开发费用形成无形资产的,按照无形资产成本的(　　)摊销。
   A. 20%　　　　B. 50%　　　　C. 100%　　　　D. 150%

4. 企业以《资源综合利用企业所得税优惠目录》中规定的资源作为主要原材料,生产国家非限制和禁止并符合国家和行业相关标准的产品取得的收入,在确定应交所得税时,其计税收入按收入总额的(　　)计算。
   A. 90%　　　　B. 80%　　　　C. 60%　　　　D. 50%

5. 符合规定条件的特殊固定资产,在采取缩短折旧年限的方法计提折旧时,最低折旧年限不得低于税法规定折旧年限的(　　)。
   A. 70%　　　　B. 60%　　　　C. 50%　　　　D. 40%

6. 企业发生的职工教育经费支出,不超过工资、薪金总额(　　)的部分,准予扣除。
   A. 1　　　　　B. 1.5%　　　　C. 2%　　　　D. 8%

7. 企业发生的符合条件的广告费和业务宣传费支出,除国务院财政、税务主管部门另有规定外,不超过当年营业收入(　　)的部分,准予扣除。
   A. 5%　　　　B. 8%　　　　C. 10%　　　　D. 15%

8. 企业发生的公益性捐赠支出,不超过年度利润总额(　　)的部分,准予扣除。
   A. 2%　　　　B. 10%　　　　C. 12%　　　　D. 15%

9. 某企业当年实现营业收入1 000万元,当年实际发生业务招待费5万元,在计算应交企业所得税时可税前扣除的业务招待费金额为(　　)。
   A. 50 000元　　B. 30 000元　　C. 80 000元　　D. 20 000元

10.企业在年度中间终止经营活动的,应当自实际经营终止之日起(　　)日内,向税务机关办理当期企业所得税汇算清缴。

A.15　　　　　　B.30　　　　　　C.45　　　　　　D.60

11.下列各项中,适用我国企业所得税法律制度的是(　　)。

A.有限责任公司　　　　　　　　B.合伙企业

C.个人独资企业　　　　　　　　D.个体工商户

12.下列各项中,不需计入应纳税所得额缴纳企业所得税的是(　　)。

A.因债权人原因确实无法支付的应付款项

B.转让专利权收入

C.企业取得国债利息收入

D.企业接受捐赠的实物资产

13.根据企业所得税法及实施细则规定,计算应纳税所得额时准予扣除的是(　　)。

A.支付违法经营的罚款　　　　　B.对外投资支出

C.支付的税收滞纳金　　　　　　D.支付银行加收的罚息

14.企业购置用于环境保护、节能节水、安全生产等专用设备的投资,适用的企业所得税税收优惠是(　　)。

A.加计扣除

B.按投资额的一定比例抵扣应纳税所得额

C.按一定比例实行税额抵免

D.实行15%的优惠税率

15.企业所得税的征收办法是(　　)。

A.按月征收　　　　　　　　　　B.按年计征,分月或分季预缴

C.按季征收　　　　　　　　　　D.按月计征,分周预缴

16.以下说法正确的是(　　)。

A.外购的固定资产,以购买价款为计税基础

B.自行建造的固定资产,以竣工结算前发生的支出为计税基础

C.盘盈的固定资产,以固定资产的公允价值为计税基础

D.通过捐赠取得的固定资产,以该资产的成本为计税基础

17.企业不可以选择的存货的成本计算方法是(　　)。

A.先进先出法　　　　　　　　　B.加权平均法

C.个别计价法　　　　　　　　　D.后进先出法

18.通过支付现金方式取得的投资资产以(　　)为成本。

A.购买价款　　　　　　　　　　B.公允价值

C.公允价值或购买价款　　　　　D.公允价值加购买价款

19.企业合并中取得资产、负债的入账价值与其计税基础不同形成可抵扣暂时性差异的,应于购买日确认递延所得税资产,借记(　　)账户,贷记"商誉"等账户。

A."递延所得税资产"　　　　　　B."递延所得税负债"

C."无形资产"　　　　　　　　　D."投资收益"

20. 与直接计入所有者权益的交易或事项相关的递延所得税资产,借记"递延所得税资产"账户,贷记(　　)账户。
   A."主营业务收入"　　　　　　　　　B."资本公积——其他资本公积"
   C."营业外收入"　　　　　　　　　　D."投资收益"

21. 资产的计税基础是指企业收回资产账面价值过程中,计算应税所得时按照税法规定可以从应税经济利益中抵扣的金额,即(　　)的资产价值。
   A. 未来需要缴税　　　　　　　　　　B. 未来和现在不需要缴税
   C. 不可以从应税经济利益中抵扣的金额　D. 未来不需要缴税

22. 应纳税暂时性差异(　　)。
   A. 产生当期应当确认为递延所得税负债　B. 产生当期应当确认为递延所得税资产
   C. 未来确认为递延所得税负债　　　　　D. 未来确认为递延所得税资产

23. 可抵扣暂时性差异在未来期间转回时会减少转回期间的应纳税所得额,减少未来期间的应缴所得税。可抵扣暂时性差异(　　)。
   A. 产生当期应当确认为递延所得税负债　B. 产生当期应当确认为递延所得税资产
   C. 未来确认为递延所得税负债　　　　　D. 未来确认为递延所得税资产

24. 某制药厂年销售收入3 200万元,广告费支出600万元,业务宣传费40万元,税前可扣除广告费与业务宣传费是(　　)。
   A. 480万元　　B. 600万元　　C. 960万元　　D. 640万元

25. 某企业发生意外事故,损失库存外购原材料300万元,取得保险公司赔款32万元,税前扣除的损失是(　　)。
   A. 131.16万元　　B. 319万元　　C. 152.4万元　　D. 21.24万元

26. 某在中国境内未设立机构、场所的非居民企业从中国取得股息30万元;转让房产取得收入100万元,该房产的净值为60万元。计算应纳企业所得税为(　　)。
   A. 7万元　　B. 14万元　　C. 13万元　　D. 26万元

27. 某工业企业采取核定应税所得率方式缴纳企业所得税,当年收入总额为1 300万元,其中含国债利息收入100万元,取得市财政局下拨的符合不征税收入条件的专项用途财政性资金200万元,企业适用的应税所得率为15%,无其他事项。则该企业应纳企业所得税(　　)。
   A. 45万元　　B. 32.54万元　　C. 48.75万元　　D. 37.5万元

28. 某企业持有一项交易性金融资产,成本为1 000万元,某资产负债表日的公允价值为1 500万元,差额500万元(　　)。
   A. 为可抵扣暂时性差异　　　　　　　B. 应调增应税所得
   C. 为永久性差异　　　　　　　　　　D. 为应纳税暂时性差异

29. 某企业2014年亏损150万元,2015年至2018年全部盈利,共弥补120万元,2019年盈利20万元,2020年盈利10万元。2021年该企业应纳企业所得税(　　)。
   A. 0万元　　B. 1万元　　C. 2万元　　D. 2.5万元

30. 某企业适用25%的企业所得税税率,境内应纳税所得额为100万元,在A国设有分支机构(我国与A国签订避免双重征税协定),在A国分支机构的所得额为60万元,A

国的税率为30%。该企业当年在中国应纳企业所得税为(   )。

A. 40万元　　　　B. 30万元　　　　C. 25万元　　　　D. 20万元

(二)多项选择题

1. 下列关于企业所得税免税收入的陈述中,正确的有(   )。

A. 国债利息收入属于免税收入

B. 符合条件居民企业之间的股息、红利等权益性投资收益属于免税收入

C. 外国企业在中国境内设立的办事处取得的股票买卖收入属于免税收入

D. 符合条件的非营利性组织的收入属于免税收入

2. 国家对环境保护、节能节水项目的所得税优惠政策有(   )。

A. 第一年至第三年免征企业所得税　　　B. 第一年至第三年减半征收企业所得税

C. 第四年至第六年减半征收企业所得税　　D. 减按20%的税率征收企业所得税

3. 在征收企业所得税时,允许税前扣除的保险费用包括(   )。

A. 基本养老保险费　　　　　　　　　B. 基本医疗保险费

C. 失业保险费　　　　　　　　　　　D. 工伤保险费

4. 在计算应纳税所得额时,不得扣除的支出项目包括(   )。

A. 向投资者支付的股息　　　　　　　B. 税收滞纳金

C. 未经核定的准备金支出　　　　　　D. 赞助支出

5. 下列关于企业所得税纳税地点正确的有(   )。

A. 居民企业以企业登记注册地为纳税地点

B. 登记注册地在境外的,以实际管理机构所在地为纳税地点

C. 居民企业在中国境内设立不具有法人资格的营业机构的,不应当汇总计算并缴纳企业所得税

D. 非居民企业在中国境内设立两个或者两个以上机构、场所的,经税务机关审核批准,可以选择由其主要机构、场所汇总缴纳企业所得税

6. 下列各项中,属于企业所得税征税范围的有(   )。

A. 居民企业来源于中国境外的所得　　　B. 非居民企业来源于中国境内的所得

C. 非居民企业来源于中国境外的所得　　D. 居民企业来源于中国境内的所得

7. 纳税人发生的下列支出中,在计算应纳税所得额时不准予扣除的有(   )。

A. 购置大型设备的款项　　　　　　　B. 缴纳的财产保险费

C. 广告费支出　　　　　　　　　　　D. 向投资者支付的股息、红利

8. 下列各项收入应计入收入总额的有(   )。

A. 将委托加工收回的货物用于对外捐赠

B. 以企业生产的设备抵偿所欠债务

C. 用作职工福利的自产产品的作价收入

D. 用于本企业基建工程的自产产品作价收入

9. 根据《企业所得税法》的规定,以下属于非居民企业的有(   )。

A. 依照中国的法律在中国境内成立的企业

B. 依照外国(地区)法律成立但实际管理机构在中国境内的企业

C.依照外国(地区)法律成立且实际管理机构不在中国境内但在中国境内设立机构、场所的企业

D.在中国境内未设立机构、场所但有来源于中国境内所得的企业

10.下列各项中,属于企业所得税的应税所得的有(　　)。

A.我国境内的企业取得的生产经营所得　　B.财政拨款

C.企业解散或破产后的清算所得　　D.纳税人取得的特许权使用费所得

11.根据企业所得税法律制度的规定,下列各项中,属于不征税收入的有(　　)。

A.财政拨款　　B.纳入财政管理的行政事业性收费

C.纳入财政管理的政府性基金　　D.国债利息收入

12.下列各项中,纳税人在计算应纳税所得额时准予扣除的税金有(　　)。

A.消费税　　B.车船税　　C.增值税　　D.印花税

13.下列项目中,应计入应纳税所得额的有(　　)。

A.非金融企业让渡资金使用权的收入　　B.因债权人原因确实无法支付的应付款项

C.出口货物退还的增值税　　D.将自产货物用于职工福利

14.下列支出中,不可以从应纳税所得额中据实扣除的有(　　)。

A.违反税收法规被税务机关处以的滞纳金

B.诉讼费用

C.对外投资的固定资产计提的折旧费

D.非广告性质的赞助支出

15.现行企业所得税法中企业的优惠方式包括(　　)。

A.加计扣除　　B.加速折旧　　C.减计收入　　D.税额抵免

16.下列固定资产不得计提折旧扣除的有(　　)。

A.以经营租赁方式租入的固定资产

B.以融资租赁方式租出的固定资产

C.已足额提取折旧仍继续使用的固定资产

D.单独估价作为固定资产入账的土地

17.下列无形资产不得计提摊销费用扣除的有(　　)。

A.自行开发的支出已在计算应纳税所得额时扣除的无形资产

B.自创商誉

C.与经营活动无关的无形资产

D.与经营活动有关的无形资产

18.企业发生的下列支出作为长期待摊费用,按照规定摊销的,准予扣除的有(　　)。

A.已足额提取折旧的固定资产的改建支出

B.租入固定资产的改建支出

C.固定资产的大修理支出

D.租出固定资产的改建支出

19.企业在生产经营活动中,按规定可以扣除的利息支出有(　　)。

A.非金融企业营业机构借款的利息支出

B. 企业经批准发行债券的利息支出

C. 金融企业的各项存款利息支出

D. 非金融企业向金融企业借款的利息支出

20. 企业发生的广告费和业务宣传费支出,不超过当年营业收入30%的部分,准予扣除的企业有( )。

　　A. 化妆品制造与销售企业　　　　B. 医药制造企业

　　C. 饮料制造企业　　　　　　　　D. 酒类制造企业

21. 企业计算应税所得额时允许扣除的有( )。

　　A. 企业发生的合理的劳动保护支出

　　B. 对外担保支出

　　C. 被司法机关没收的罚金

　　D. 企业依照法律规定提取的用于环境保护的资金

22. 以下符合固定资产的计税基础规定的有( )。

　　A. 盘盈的固定资产以同类固定资产的重置完全价值为计税基础

　　B. 捐赠方式取得的固定资产以该资产的公允价值和支付的相关税费为计税基础

　　C. 非货币性资产交换方式取得的固定资产以换出资产的账面价值为计税基础

　　D. 债务重组方式取得的固定资产以原债务价值为计税基础

23. 利润表中的所得税费用包括( )。

　　A. 应交税费　　　　　　　　　　B. 当期所得税费用

　　C. 递延所得税费用　　　　　　　D. 前三项之和

24. 可以扣除的期间费用包括( )。

　　A. 营业费用　　　　　　　　　　B. 管理费用

　　C. 财务费用　　　　　　　　　　D. 营业外支出

25. 以下属于收入类纳税调整增加所得额的项目有( )。

　　A. 政府性基金收入　　　　　　　B. 国债利息收入

　　C. 接受捐赠收入　　　　　　　　D. 视同销售收入

26. 以下属于扣除类纳税调整减少所得额的项目有( )。

　　A. 视同销售成本

　　B. 不征税收入用于支出所形成的费用

　　C. 按税法规定的加计扣除安置残疾人员所支付的工资

　　D. 企业之间支付的管理费

27. 下列( )不适用核定征收办法征收企业所得税。

　　A. 汇总纳税企业　　　　　　　　B. 上市公司

　　C. 财务公司　　　　　　　　　　D. 基层法律服务机构

28. 非居民企业以收入全额为应纳税所得额的项目有( )。

　　A. 利息所得　　　　　　　　　　B. 租金所得

　　C. 特许权使用费所得　　　　　　D. 转让财产所得

29."递延所得税资产"账户借方登记(　　)。

A.资产负债表日递延所得税资产的应有余额小于其账面余额的差额

B.与直接计入所有者权益的交易或事项相关的递延所得税资产

C.企业合并中取得的资产、负债的入账价值与其计税基础不同形成可抵扣暂时性差异

D.资产负债表日递延所得税资产应有余额大于其账面余额的差额

30.下列属于应纳税暂时性差异产生的情形有(　　)。

A.资产的账面价值大于其计税基础　　　　B.资产的账面价值小于其计税基础

C.负债的账面价值小于其计税基础　　　　D.负债的账面价值大于其计税基础

(三)判断题

1.企业所得税法规定,缴纳企业所得税,按年计算,分月或者分季预缴。月份或者季度终了后15日内预缴,年度终了后5个月内汇算清缴,多退少补。　　　　　　(　　)

2.纳税人接受捐赠的实物资产,接受捐赠时不计入企业的应纳税所得额。　(　　)

3.非营利组织从事营利性活动取得的收入属于非税收入,免征企业所得税。(　　)

4.企业为开发新技术、新产品、新工艺发生的研究开发费用,未形成无形资产计入当期损益的,在按照规定据实扣除的基础上,按照研究开发费用的50%加计扣除。(　　)

5.企业安置残疾人员的,在按照支付给残疾职工工资据实扣除的基础上,按照支付给残疾职工工资的150%加计扣除。　　　　　　　　　　　　　　　　　　(　　)

6.企业纳税年度发生的亏损,准予向以后年度结转,用以后年度的所得弥补,但结转年限最长不得超过五年。　　　　　　　　　　　　　　　　　　　　　　(　　)

7.增值税一般纳税人在计算企业所得税应纳税所得额时,可以一次扣除的税金包括印花税、消费税和增值税。　　　　　　　　　　　　　　　　　　　　　　(　　)

8.企业当期发生的固定资产和流动资产盘亏、毁损净损失,由其提供清查盘存资料,经主管税务机关审核后,准予扣除。　　　　　　　　　　　　　　　　　　(　　)

9.因债权人缘故确实无法支付的应付款项,应该计入纳税收入总额,计算缴纳企业所得税。　　　　　　　　　　　　　　　　　　　　　　　　　　　　　　(　　)

10.某公司弥补以前年度亏损后还剩下10万元,则按微利企业所得税税率20%缴税。　　　　　　　　　　　　　　　　　　　　　　　　　　　　　　　　　(　　)

11.企业已经作为损失处理的资产,在以后纳税年度又全部收回或者部分收回时,不应当计入当期收入。　　　　　　　　　　　　　　　　　　　　　　　　(　　)

12.委托境外进行研发活动所发生的费用,按照费用实际发生额的80%计入委托方的委托境外研发费用。委托境外研发费用不超过境内符合条件的研发费用三分之二的部分,可以按规定在企业所得税前加计扣除。　　　　　　　　　　　　　　(　　)

13.业务招待费按照发生额的60%扣除,但最高不得超过当年营业收入的5‰。(　　)

14.广告费和业务宣传费不超过当年营业收入15%的部分,准予扣除;超过部分,不准予在以后纳税年度结转扣除。　　　　　　　　　　　　　　　　　　　　(　　)

15. 公益性捐赠不超过年度应纳税所得额12%的部分,准予扣除。（ ）

16. 房屋、建筑物折旧的最低年限为30年。（ ）

17. 无形资产的摊销年限不得低于10年。（ ）

18. 其他应当作为长期待摊费用的支出,自支出发生月份的次月起,分期摊销,摊销年限不得低于3年。（ ）

19. 企业职工因公出差乘坐交通工具发生的人身意外保险费支出,准予企业在计算应纳税所得额时扣除。（ ）

20. 自2018年1月1日起,当年具备高新技术企业或科技型中小企业资格（以下统称资格）的企业,其具备资格年度之前5个年度发生的尚未弥补完的亏损,准予结转以后年度弥补,最长结转年限由5年延长至10年。（ ）

21. 对投资者从证券投资基金分配中取得的收入,征收企业所得税。（ ）

22. 烟草企业的烟草广告费和业务宣传费支出,一律不得在计算应纳税所得额时扣除。（ ）

23. 企业在汇总计算缴纳企业所得税时,其境外营业机构的亏损可以抵减境内营业机构的盈利。（ ）

24. 按权益法核算的长期股权投资持有期间的投资损益,如果会计确认的损益大于按税法确认的股息、红利,则应调增应纳税所得额。（ ）

25. 居民企业来源于中国境外的应税所得在境外缴纳的所得税税额,可以从其当期应纳税额中抵免,抵免限额为该项所得依照所得税法规定计算的应纳税额。（ ）

26. 实行应税所得率方式核定征收企业所得税的纳税人,经营多业的,无论其经营项目是否单独核算,均由税务机关根据其主营项目确定适用的应税所得率。（ ）

27. 企业确认递延所得税负债发生时,借记"递延所得税负债"账户,贷记"所得税费用——递延所得税费用"账户。（ ）

28. 与直接计入所有者权益的交易或事项相关的递延所得税负债,借记"资本公积——其他资本公积"账户,贷记"递延所得税负债"账户。（ ）

29. 负债的计税基础是指负债的账面价值减去未来期间计算应税所得时按照税法规定可予抵扣的金额,即未来可以扣税的负债价值。（ ）

30. 一项资产的账面价值为200万元,计税基础为260万元,形成应纳税暂时性差异。（ ）

二 业务技能实训

(一)查账征收企业所得税的纳税实训

1. 企业基本情况

双利集团公司是有限责任公司,是增值税一般纳税人,增值税税率为13%,具有出口

经营权,出口退税率为10%。

法定代表人:郝郑迁

企业地址及电话:北京市光华路88号　65554466

企业所属行业:制造业(生产销售不锈钢制品)

开户银行及账号:中国工商银行光华路分理处　3301022009011503954

纳税人识别号(统一社会信用代码):略

财务会计负责人:刘光

纳税员:周天

2.该公司2020年度取得销售收入10 000万元,销售成本4 000万元,销售费用300万元,管理费用500万元,财务费用60万元(全部为借款利息),税金及附加240万元,营业外收入600万元,营业外支出700万元,投资收益100万元,公允价值变动损益200万元,资产减值损失300万元。利润表中利润总额为4 800万元,该公司适用的所得税税率为25%。递延所得税资产及递延所得税负债不存在期初余额,与所得税核算有关的情况如下:

(1)1月开始计提折旧的一项固定资产,成本为1 500万元,使用年限为10年,净残值为0,会计处理按双倍余额递减法计提折旧,税收处理按直线法计提折旧。假定税法规定的使用年限及净残值与会计规定相同。

(2)向关联企业捐赠现金500万元,记入"营业外支出"账户。假定按照税法规定,企业向关联方的捐赠不允许税前扣除。

(3)交易性金融资产入账价值1 000万元,税法计税基础1 000万元,期末公允价值增加了200万元,记入"公允价值变动损益"账户。

(4)违反环保法规定应支付罚款250万元,记入"营业外支出"账户。

(5)期末对持有的存货计提了300万元的存货跌价准备。

(6)12月工资200万元,尚未支付。

(7)企业当期为开发新技术发生研发支出200万元,记入"管理费用"账户。

(8)销售产品承诺保修3年,计提了50万元的预计负债,记入"销售费用"账户。

(9)本年度发生广告费100万元,记入"销售费用"账户。

(10)业务招待费支出100万元,记入"管理费用"账户。

(11)1月1日向银行借款1 000万元,年利率6%,其中500万元用于车间的基建工程,工程在8月31日完工交付使用;500万元用于生产经营。

(12)购买国债,利息80万元。

3.要求:

(1)计算该公司应缴纳的企业所得税。

(2)计算企业所得税的账务处理。

(3)填写企业所得税年度纳税申报表及附表(表8-1至表8-6)。

表 8-1　A200000　中华人民共和国企业所得税月(季)度预缴纳税申报表(A 类)

税款所属期间：自　　年　　月　　日至　　年　　月　　日

纳税人识别号(统一社会信用代码)：□□□□□□□□□□□□□□□□□□

纳税人名称：　　　　　　　　　　　　　　　　　　金额单位：人民币元(列至角分)

优惠及附报事项有关信息									
项目	一季度		二季度		三季度		四季度		季度平均值
	季初	季末	季初	季末	季初	季末	季初	季末	
从业人数									
资产总额(万元)									
国家限制或禁止行业	□是□否				小型微利企业				□是□否	
附报事项名称	金额或选项								
事项1	(填写特定事项名称)								
事项2	(填写特定事项名称)								

预缴税款计算

行次	项　目	本年累计金额
1	营业收入	
2	营业成本	
3	利润总额	
4	加:特定业务计算的应纳税所得额	
5	减:不征税收入	
6	减:资产加速折旧、摊销(扣除)调减额(填写 A201020)	
7	减:免税收入、减计收入、加计扣除(7.1+7.2+…)	
7.1	(填写优惠事项名称)	
7.2	(填写优惠事项名称)	
8	减:所得减免(8.1+8.2+…)	
8.1	(填写优惠事项名称)	
8.2	(填写优惠事项名称)	
9	减:弥补以前年度亏损	
10	实际利润额(3+4-5-6-7-8-9)\按照上一纳税年度应纳税所得额平均额确定的应纳税所得额	
11	税率(25%)	
12	应纳所得税额(10×11)	
13	减:减免所得税额(13.1+13.2+…)	
13.1	(填写优惠事项名称)	
13.2	(填写优惠事项名称)	
14	减:本年实际已缴纳所得税额	
15	减:特定业务预缴(征)所得税额	
16	本期应补(退)所得税额(12-13-14-15)　税务机关确定的本期应纳所得税额	

(续表)

		汇总纳税企业总分机构税款计算	
17	总机构	总机构本期分摊应补(退)所得税额(18＋19＋20)	
18		其中:总机构分摊应补(退)所得税额(16×总机构分摊比例__%)	
19		财政集中分配应补(退)所得税额(16×财政集中分配比例__%)	
20		总机构具有主体生产经营职能的部门分摊所得税额(16×全部分支机构分摊比例__%×总机构具有主体生产经营职能部门分摊比例__%)	
21	分支机构	分支机构本期分摊比例	
22		分支机构本期分摊应补(退)所得税额	
		实际缴纳企业所得税计算	
23	减:民族自治地区企业所得税地方分享部分:□免征 □减征:减征	本年累计应减免金额[(12－13－15)×40%×减幅度%)征幅度]_____	
24	实际应补(退)所得税额		

谨声明:本纳税申报表是根据国家税收法律、法规及相关规定填报的,是真实的、可靠的、完整的。

纳税人(签章): 年 月 日

经办人:	受理人:
经办人身份证号:	受理税务机关(章):
代理机构签章:	受理日期: 年 月 日
代理机构统一社会信用代码:	

国家税务总局监制

A200000《中华人民共和国企业所得税月(季)度预缴纳税申报表(A类)》填报说明

一、适用范围

本表适用于实行查账征收企业所得税的居民企业纳税人(以下简称"纳税人")在月(季)度预缴纳税申报时填报。执行《跨地区经营汇总纳税企业所得税征收管理办法》(国家税务总局公告 2012 年第 57 号发布,2018 年第 31 号修改)的跨地区经营汇总纳税企业的分支机构,除预缴纳税申报时填报外,在年度纳税申报时也填报本表。省(自治区、直辖市和计划单列市)税务机关对仅在本省(自治区、直辖市和计划单列市)内设立不具有法人资格分支机构的企业,参照《跨地区经营汇总纳税企业所得税征收管理办法》征收管理的,企业的分支机构在除预缴纳税申报时填报外,在年度纳税申报时也填报本表。

二、表头项目

(一)税款所属期间

1.月(季)度预缴纳税申报

正常经营的纳税人,填报税款所属期月(季)度第一日至税款所属期月(季)度最后一日;年度中间开业的纳税人,在首次月(季)度预缴纳税申报时,填报开始经营之日至税款所属期月(季)度最后一日,以后月(季)度预缴纳税申报时按照正常情况填报;年度中间终止经营活动的纳税人,在终止经营活动当期纳税申报时,填报税款所属期月(季)度第一日至终止经营活动之日,以后月(季)度预缴纳税申报时不再填报。

2.年度纳税申报

填报税款所属年度1月1日至12月31日。

(二)纳税人识别号(统一社会信用代码)

填报税务机关核发的纳税人识别号或有关部门核发的统一社会信用代码。

(三)纳税人名称

填报营业执照、税务登记证等证件载明的纳税人名称。

三、优惠及附报事项信息

本项下所有项目按季度填报。按月申报的纳税人,在季度最后一个属期的月份填报。企业类型为"跨地区经营汇总纳税企业分支机构"的,不填报"优惠及附报事项有关信息"所有项目。

(一)从业人数

必报项目。

纳税人填报第一季度至税款所属季度各季度的季初、季末、季度平均从业人员的数量。季度中间开业的纳税人，填报开业季度至税款所属季度各季度的季初、季末从业人员的数量，其中开业季度"季初"填报开业时从业人员的数量。季度中间停止经营的纳税人，填报第一季度至停止经营季度各季度的季初、季末从业人员的数量，其中停止经营季度"季末"填报停止经营时从业人员的数量。"季度平均值"填报截至本税款所属期末从业人员数量的季度平均值，计算方法如下：

各季度平均值＝(季初值＋季末值)÷2

截至本税款所属期末季度平均值＝截至本税款所属期末各季度平均值之和÷相应季度数

年度中间开业或者终止经营活动的，以其实际经营期计算上述指标。

从业人数是指与企业建立劳动关系的职工人数和企业接受的劳务派遣用工人数之和。汇总纳税企业总机构填报包括分支机构在内的所有从业人数。

(二)资产总额(万元)

必报项目。

纳税人填报第一季度至税款所属季度各季度的季初、季末、季度平均资产总额的金额。季度中间开业的纳税人，填报开业季度至税款所属季度各季度的季初、季末资产总额的金额，其中开业季度"季初"填报开业时资产总额的金额。季度中间停止经营的纳税人，填报第一季度至停止经营季度各季度的季初、季末资产总额的金额，其中停止经营季度"季末"填报停止经营时资产总额的金额。"季度平均值"填报截至本税款所属期末资产总额金额的季度平均值，计算方法如下：

各季度平均值＝(季初值＋季末值)÷2

截至本税款所属期末季度平均值＝截至本税款所属期末各季度平均值之和÷相应季度数

年度中间开业或者终止经营活动的，以其实际经营期计算上述指标。

填报单位为人民币万元，保留小数点后2位。

(三)国家限制或禁止行业

必报项目。

纳税人从事行业为国家限制或禁止行业的，选择"是"；其他选择"否"。

(四)小型微利企业

必报项目。

本纳税年度截至本期末的从业人数季度平均值不超过300人、资产总额季度平均值不超过5000万元，本表"国家限制或禁止行业"选择"否"且本期本表第10行"实际利润额\按照上一纳税年度应纳税所得额平均额确定的应纳税所得额"不超过300万元的纳税人，选择"是"；否则选择"否"。

(五)附报事项

纳税人根据《企业所得税申报事项目录》，发生符合税法相关规定的支持新型冠状病毒感染的肺炎疫情防控捐赠支出、扶贫捐赠支出、软件集成电路企业优惠政策适用类型等特定事项时，填报事项名称、该事项本年累计享受金额或选择享受优惠政策的有关信息。同时发生多个事项，可以增加行次。

四、预缴税款计算

预缴方式为"按照实际利润额预缴"的纳税人，填报第1行至第16行，预缴方式为"按照上一纳税年度应纳税所得额平均额预缴"的纳税人填报第10、11、12、13、14、16行，预缴方式为"按照税务机关确定的其他方法预缴"的纳税人填报第16行。

1. 第1行"营业收入"：填报纳税人截至本税款所属期末，按照国家统一会计制度规定核算的本年累计营业收入。

如：以前年度已经开始经营且按季度预缴纳税申报的纳税人，第二季度预缴纳税申报时本行填报本年1月1日至6月30日期间的累计营业收入。

2. 第2行"营业成本"：填报纳税人截至本税款所属期末，按照国家统一会计制度规定核算的本年累计营业成本。

3. 第3行"利润总额"：填报纳税人截至本税款所属期末，按照国家统一会计制度规定核算的本年累计利润总额。

4. 第4行"特定业务计算的应纳税所得额"：从事房地产开发等特定业务的纳税人，填报按照税收规定计算的特定业务的应纳税所得额。房地产开发企业销售未完工开发产品取得的预售收入，按照税收规定的预计计税毛利率计算出预计毛利额，扣除实际缴纳且在会计核算中未计入当期损益的土地增值税等税金及附加后的金额，在此行填报。

5. 第5行"不征税收入"：填报纳税人已经计入本表"利润总额"行次但税收规定不征税收入的本年累计金额。

6. 第6行"资产加速折旧、摊销(扣除)调减额"：填报资产税收上享受加速折旧、摊销优惠政策计算的折旧额、摊销额大于同期会计折旧额、摊销额期间发生纳税调减的本年累计金额。

本行根据《资产加速折旧、摊销(扣除)优惠明细表》(A201020)填报。

7. 第 7 行"免税收入、减计收入、加计扣除":根据相关行次计算结果填报。根据《企业所得税申报事项目录》,在第 7.1 行、第 7.2 行……填报税收规定的免税收入、减计收入、加计扣除等优惠事项的具体名称和本年累计金额。发生多项且根据税收规定可以同时享受的优惠事项,可以增加行次,但每个事项仅能填报一次。

8. 第 8 行"所得减免":根据相关行次计算结果填报。第 3+4-5-6-7 行≤0 时,本行不填报。

根据《企业所得税申报事项目录》,在第 8.1 行、第 8.2 行……填报税收规定的所得减免优惠事项的名称和本年累计金额。发生多项且根据税收规定可以同时享受的优惠事项,可以增加行次,但每个事项仅能填报一次。每项优惠事项下有多个具体项目的,应分别确定各具体项目所得,并填写盈利项目(项目所得＞0)的减征、免征所得额的合计金额。

9. 第 9 行"弥补以前年度亏损":填报纳税人截至本税款所属期末,按照税收规定在企业所得税税前弥补的以前年度尚未弥补亏损的本年累计金额。

当本表第 3+4-5-6-7-8 行≤0 时,本行＝0。

10. 第 10 行"实际利润\按照上一纳税年度应纳税所得额平均额确定的应纳税所得额":预缴方式为"按照实际利润额预缴"的纳税人,根据本表相关行次计算结果填报,第 10 行＝第 3+4-5-6-7-8-9 行;预缴方式为"按照上一纳税年度应纳税所得额平均额预缴"的纳税人,填报按照上一纳税年度应纳税所得额平均额计算的本年累计金额。

11. 第 11 行"税率(25%)":填报 25%。

12. 第 12 行"应纳所得税额":根据相关行次计算结果填报。第 12 行＝第 10×11 行,且第 12 行≥0。

13. 第 13 行"减免所得税额":根据相关行次计算结果填报。根据《企业所得税申报事项目录》,在第 13.1 行、第 13.2 行……填报税收规定的减免所得税额优惠事项的具体名称和本年累计金额。发生多项且根据税收规定可以同时享受的优惠事项,可以增加行次,但每个事项仅能填报一次。

14. 第 14 行"本年实际已缴纳所得税额":填报纳税人按照税收规定已在此前月(季)度申报预缴企业所得税的本年累计金额。

建筑企业总机构直接管理的跨地区设立的项目部,按照税收规定已经向项目所在地主管税务机关预缴企业所得税的金额不填本行,而是填入本表第 15 行。

15. 第 15 行"特定业务预缴(征)所得税额":填报建筑企业总机构直接管理的跨地区设立的项目部,按照税收规定已经向项目所在地主管税务机关预缴企业所得税的本年累计金额。

本行本期填报金额不得小于本年上期申报的金额。

16. 第 16 行"本期应补(退)所得税额\税务机关确定的本期应纳所得税额":按照不同预缴方式,分情况填报:

预缴方式为"按照实际利润额预缴"以及"按照上一纳税年度应纳税所得额平均额预缴"的纳税人,根据本表相关行次计算填报。第 16 行＝第 12-13-14-15 行,当第 12-13-14-15 行＜0 时,本行填 0。其中,企业所得税收入全额归属中央且按比例就地预缴企业的分支机构,以及在同一省(自治区、直辖市、计划单列市)内的按比例就地预缴企业的分支机构,第 16 行＝第 12 行×就地预缴比例－第 13 行×就地预缴比例－第 14 行－第 15 行,当第 12 行×就地预缴比例－第 13 行×就地预缴比例－第 14 行－第 15 行＜0 时,本行填 0。

预缴方式为"按照税务机关确定的其他方法预缴"的纳税人,本行填报本期应纳企业所得税的金额。

五、汇总纳税企业总分机构税款计算

"跨地区经营汇总纳税企业总机构"的纳税人填报第 17、18、19、20 行;"跨地区经营汇总纳税企业分支机构"的纳税人填报第 21、22 行。

1. 第 17 行"总机构本期分摊应补(退)所得税额":跨地区经营汇总纳税企业的总机构根据相关行次计算结果填报,第 17 行＝第 18+19+20 行。

2. 第 18 行"总机构分摊应补(退)所得税额(16×总机构分摊比例__%)":根据相关行次计算结果填报,第 18 行＝第 16 行×总机构分摊比例。其中:跨省、自治区、直辖市和计划单列市经营的汇总纳税企业"总机构分摊比例"填报 25%,同一省(自治区、直辖市、计划单列市)内跨地区经营汇总纳税企业"总机构分摊比例"按照各省(自治区、直辖市、计划单列市)确定的总机构分摊比例填报。

3. 第 19 行"财政集中分配应补(退)所得税额(16×财政集中分配比例__%)":根据相关行次计算结果填报,第 19 行＝第 16 行×财政集中分配比例。其中:跨省、自治区、直辖市和计划单列市经营的汇总纳税企业"财政集中分配比例"填报 25%,同一省(自治区、直辖市、计划单列市)内跨地区经营汇总纳税企业"财政集中分配比例"按照各省(自治区、直辖市、计划单列市)确定的财政集中分配比例填报。

4. 第 20 行"总机构具有主体生产经营职能的部门分摊所得税额(16×全部分支机构分摊比例__%×总机构具有主体生产经营职能部门分摊比例__%)":根据相关行次计算结果填报,第 20 行＝第 16 行×全部分支机构分摊比例×

总机构具有主体生产经营职能部门分摊比例。其中:跨省、自治区、直辖市和计划单列市经营的汇总纳税企业"全部分支机构分摊比例"填报50%,同一省(自治区、直辖市、计划单列市)内跨地区经营汇总纳税企业"分支机构分摊比例"按照各省(自治区、直辖市、计划单列市)确定的分支机构分摊比例填报;"总机构具有主体生产经营职能部门分摊比例"按照设立的具有主体生产经营职能的部门在参与税款分摊的全部分支机构中的分摊比例填报。

5.第21行"分支机构本期分摊比例":跨地区经营汇总纳税企业分支机构填报其总机构出具的本期《企业所得税汇总纳税分支机构所得税分配表》"分配比例"列次中列示的本分支机构的分配比例。

6.第22行"分支机构本期分摊应补(退)所得税额":跨地区经营汇总纳税企业分支机构填报其总机构出具的本期《企业所得税汇总纳税分支机构所得税分配表》"分配所得税额"列次中列示的本分支机构应分摊的所得税额。

六、实际缴纳企业所得税

适用于民族自治地区纳税人填报。

1.第23行"民族自治地方的自治机关对本民族自治地方的企业应缴纳的企业所得税中属于地方分享的部分减征或免征(□免征□减征;减征幅度__%)":根据《中华人民共和国企业所得税法》《中华人民共和国民族区域自治法》《财政部国家税务总局关于贯彻落实国务院关于实施企业所得税过渡优惠政策有关问题的通知》(财税〔2008〕21号)等规定,实行民族区域自治的自治区、自治州、自治县的自治机关对本民族自治地方的企业应缴纳的企业所得税中属于地方分享的部分,可以决定免征或减征,自治州、自治县决定减征或者免征的,须报省、自治区、直辖市人民政府批准。

纳税人填报该行次时,根据享受政策的类型选择"免征"或"减征",二者必选其一。选择"免征"是指免征企业所得税税收地方分享部分;选择"减征:减征幅度__%"是指减征企业所得税税收地方分享部分。此时需填写"减征幅度",减征幅度填写范围为1至100,表示企业所得税税收地方分享部分的减征比例。例如:地方分享部分减半征收,则选择"减征",并在"减征幅度"后填写"50%"。

本行填报纳税人按照规定享受的民族自治地方的自治机关对本民族自治地方的企业应缴纳的企业所得税中属于地方分享的部分减征或免征额的本年累计金额。

2.第24行"本期实际应补(退)所得税额":本行填报民族自治地区纳税人本期实际应补(退)所得税额。

七、表内表间关系

(一)表内关系

1.第7行=第7.1+7.2+…行。

2.第8行=第8.1+8.2+…行。

3.预缴方式为"按照实际利润额预缴"的纳税人,第10行=第3+4−5−6−7−8−9行。

4.第12行=第10×11行。

5.第13行=第13.1+13.2+…行

6.预缴方式为"按照实际利润额预缴""按照上一纳税年度应纳税所得额平均额预缴"的纳税人,第16行=第12−13−14−15行。当第12−13−14−15行<0时,第16行=0。

其中,企业所得税收入全额归属中央且按比例就地预缴企业的分支机构,以及在同一省(自治区、直辖市、计划单列市)内的按比例就地预缴企业的分支机构,第16行=第12行×就地预缴比例−第13行×就地预缴比例−第14行−第15行。当第12行×就地预缴比例−第13行×就地预缴比例−第14行−第15行<0时,第16行=0。

7.第17行=第18+19+20行。

8.第18行=第16行×总机构分摊比例。

9.第19行=第16行×财政集中分配比例。

10.第20行=第16行×全部分支机构分摊比例×总机构具有主体生产经营职能部门分摊比例。

(二)表间关系

1.第6行=表A201020第3行第5列。

2.第16行=表A202000"应纳所得税额"栏次填报的金额。

3.第18行=表A202000"总机构分摊所得税额"栏次填报的金额。

4.第19行=表A202000"总机构财政集中分配所得税额"栏次填报的金额。

5.第20行=表A202000"分支机构情况"中对应总机构独立生产经营部门行次的"分配所得税额"列次填报的金额

表 8-2　A100000　中华人民共和国企业所得税年度纳税申报表(A 类)

行次	类别	项　目	金　额
1	利润总额计算	一、营业收入(填写 A101010\101020\103000)	
2		减:营业成本(填写 A102010\102020\103000)	
3		减:税金及附加	
4		减:销售费用(填写 A104000)	
5		减:管理费用(填写 A104000)	
6		减:财务费用(填写 A104000)	
7		减:资产减值损失	
8		加:公允价值变动收益	
9		加:投资收益	
10		二、营业利润(1-2-3-4-5-6-7+8+9)	
11		加:营业外收入(填写 A101010\101020\103000)	
12		减:营业外支出(填写 A102010\102020\103000)	
13		三、利润总额(10+11-12)	
14	应纳税所得额计算	减:境外所得(填写 A108010)	
15		加:纳税调整增加额(填写 A105000)	
16		减:纳税调整减少额(填写 A105000)	
17		减:免税、减计收入及加计扣除(填写 A107010)	
18		加:境外应税所得抵减境内亏损(填写 A108000)	
19		四、纳税调整后所得(13-14+15-16-17+18)	
20		减:所得减免(填写 A107020)	
21		减:弥补以前年度亏损(填写 A106000)	
22		减:抵扣应纳税所得额(填写 A107030)	
23		五、应纳税所得额(19-20-21-22)	
24	应纳税额计算	税率(25%)	
25		六、应纳所得税额(23×24)	
26		减:减免所得税额(填写 A107040)	
27		减:抵免所得税额(填写 A107050)	
28		七、应纳税额(25-26-27)	
29		加:境外所得应纳所得税额(填写 A108000)	
30		减:境外所得抵免所得税额(填写 A108000)	
31		八、实际应纳所得税额(28+29-30)	
32		减:本年累计实际已缴纳的所得税额	
33		九、本年应补(退)所得税额(31-32)	
34		其中:总机构分摊本年应补(退)所得税额(填写 A109000)	
35		财政集中分配本年应补(退)所得税额(填写 A109000)	
36		总机构主体生产经营部门分摊本年应补(退)所得税额(填写 A109000)	

项目八 企业所得税纳税实训

A100000 《中华人民共和国企业所得税年度纳税申报表（A类）》
填报说明

本表为企业所得税年度纳税申报表的主表，纳税人应当根据《中华人民共和国企业所得税法》及其实施条例（以下简称"税法"）、相关税收政策，以及国家统一会计制度（企业会计准则、小企业会计准则、企业会计制度、事业单位会计准则和民间非营利组织会计制度等）的规定，计算填报利润总额、应纳税所得额和应纳税额等有关项目。

纳税人在计算企业所得税应纳税所得额及应纳税额时，会计处理与税收规定不一致的，应当按照税收规定计算。税收规定不明确的，在没有明确规定之前，暂按国家统一会计制度计算。

一、有关项目填报说明

（一）表体项目

本表是在纳税人会计利润总额的基础上，加减纳税调整等金额后计算出"纳税调整后所得"。会计与税法的差异（包括收入类、扣除类、资产类等差异）通过《纳税调整项目明细表》（A105000）集中填报。

本表包括利润总额计算、应纳税所得额计算、应纳税额计算三个部分。

1."利润总额计算"中的项目，按照国家统一会计制度规定计算填报。实行企业会计准则、小企业会计准则、企业会计制度、分行业会计制度的纳税人，其数据直接取自《利润表》（另有说明的除外）；实行事业单位会计准则的纳税人，其数据取自《收入支出表》；实行民间非营利组织会计制度的纳税人，其数据取自《业务活动表》；实行其他国家统一会计制度的纳税人，根据本表项目进行分析填报。

2."应纳税所得额计算"和"应纳税额计算"中的项目，除根据主表逻辑关系计算以外，通过附表相应栏次填报。

（二）行次说明

第1行至第13行参照国家统一会计制度规定填写。本部分未设"研发费用""其他收益""资产处置收益"等项目，对于已执行《财政部关于修订印发2018年度一般企业财务报表格式的通知》（财会〔2018〕15号）的纳税人，在《利润表》中归集的"研发费用"通过《期间费用明细表》（A104000）第19行"十九、研究费用"的管理费用相应列次填报；在《利润表》中归集的"其他收益""资产处置收益""信用减值损失""净敞口套期收益"项目则无须填报，同时第10行"二、营业利润"不执行"第10行＝第1－2－3－4－5－6－7＋8＋9行"的表内关系，按照《利润表》"营业利润"项目直接填报。

1.第1行"营业收入"：填报纳税人主要经营业务和其他经营业务取得的收入总额。本行根据"主营业务收入"和"其他业务收入"的数额填报。一般企业纳税人根据《一般企业收入明细表》（A101010）填报；金融企业纳税人根据《金融企业收入明细表》（A101020）填报；事业单位、社会团体、民办非企业单位、非营利组织等纳税人根据《事业单位、民间非营利组织收入、支出明细表》（A103000）填报。

2.第2行"营业成本"项目：填报纳税人主要经营业务和其他经营业务发生的成本总额。本行根据"主营业务成本"和"其他业务成本"的数额填报。一般企业纳税人根据《一般企业成本支出明细表》（A102010）填报；金融企业纳税人根据《金融企业支出明细表》（A102020）填报；事业单位、社会团体、民办非企业单位、非营利组织等纳税人，根据《事业单位、民间非营利组织收入、支出明细表》（A103000）填报。

3.第3行"税金及附加"：填报纳税人经营活动发生的消费税、城市维护建设税、资源税、土地增值税和教育费附加等相关税费。本行根据纳税人相关会计科目填报。纳税人在其他会计科目核算的税金不得重复填报。

4.第4行"销售费用"：填报纳税人在销售商品和材料、提供劳务的过程中发生的各种费用。本行根据《期间费用明细表》（A104000）中对应的"销售费用"填报。

5.第5行"管理费用"：填报纳税人为组织和管理企业生产经营发生的管理费用。本行根据《期间费用明细表》（A104000）中对应的"管理费用"填报。

6.第6行"财务费用"：填报纳税人为筹集生产经营所需资金等发生的筹资费用。本行根据《期间费用明细表》（A104000）中对应的"财务费用"填报。

7.第7行"资产减值损失"：填报纳税人计提各项资产准备发生的减值损失。本行根据企业"资产减值损失"科目上的数额填报。实行其他会计制度的比照填报。

8.第8行"公允价值变动收益"：填报纳税人在初始确认时划分为以公允价值计量且其变动计入当期损益的金融资产或金融负债（包括交易性金融资产或负债，直接指定为以公允价值计量且其变动计入当期损益的金融资产或金融负债），以及采用公允价值模式计量的投资性房地产、衍生工具和套期业务中公允价值变动形成的应计入当期损益

的利得或损失。本行根据企业"公允价值变动损益"科目的数额填报,损失以"一"号列。

9.第9行"投资收益":填报纳税人以各种方式对外投资所得的收益或发生的损失。根据企业"投资收益"科目的数额计算填报,实行事业单位会计准则的纳税人根据"其他收入"科目中的投资收益金额分析填报,损失以"一"号填列。实行其他会计制度的纳税人比照填报。

10.第10行"营业利润":填报纳税人当期的营业利润。根据上述项目计算填报。已执行《财政部关于修订印发2018年度一般企业财务报表格式的通知》(财会〔2018〕15号)的纳税人,根据《利润表》对应项目填列。

11.第11行"营业外收入":填报纳税人取得的与其经营活动无直接关系的各项收入的金额。一般企业纳税人根据《一般企业收入明细表》(A101010)填报;金融企业纳税人根据《金融企业收入明细表》(A101020)填报;实行事业单位会计准则或民间非营利组织会计制度的纳税人根据《事业单位、民间非营利组织收入、支出明细表》(A103000)填报。

12.第12行"营业外支出":填报纳税人发生的与其经营活动无直接关系的各项支出的金额。一般企业纳税人根据《一般企业成本支出明细表》(A102010)填报;金融企业纳税人根据《金融企业支出明细表》(A102020)填报;实行事业单位会计准则或民间非营利组织会计制度的纳税人根据《事业单位、民间非营利组织收入、支出明细表》(A103000)填报。

13.第13行"利润总额":填报纳税人当期的利润总额。根据上述项目计算填报。

14.第14行"境外所得":填报纳税人取得的境外所得且已计入利润总额的金额。本行根据《境外所得纳税调整后所得明细表》(A108010)填报。

15.第15行"纳税调整增加额":填报纳税人会计处理与税收规定不一致,进行纳税调整增加的金额。本行根据《纳税调整项目明细表》(A105000)"调增金额"列填报。

16.第16行"纳税调整减少额":填报纳税人会计处理与税收规定不一致,进行纳税调整减少的金额。本行根据《纳税调整项目明细表》(A105000)"调减金额"列填报。

17.第17行"免税、减计收入及加计扣除":填报属于税收规定免税收入、减计收入、加计扣除金额。本行根据《免税、减计收入及加计扣除优惠明细表》(A107010)填报。

18.第18行"境外应税所得抵减境内亏损":当纳税人选择不用境外所得抵减境内亏损时,填报0;当纳税人选择用境外所得抵减境内亏损时,填报境外所得抵减当年度境内亏损的金额。用境外所得弥补以前年度境内亏损的,还需填报《企业所得税弥补亏损明细表》(A106000)和《境外所得税收抵免明细表》(A108000)。

19.第19行"纳税调整后所得":填报纳税人经过纳税调整、税收优惠、境外所得计算后的所得额。

20.第20行"所得减免":填报属于税收规定的所得减免金额。本行根据《所得减免优惠明细表》(A107020)填报。

21.第21行"弥补以前年度亏损":填报纳税人按照税收规定可在税前弥补的以前年度亏损数额。本行根据《企业所得税弥补亏损明细表》(A106000)填报。

22.第22行"抵扣应纳税所得额":填报根据税收规定应抵扣的应纳税所得额。本行根据《抵扣应纳税所得额明细表》(A107030)填报。

23.第23行"应纳税所得额":填报第19-20-21-22行金额。按照上述行次顺序计算结果为负数的,本行按0填报。

24.第24行"税率":填报税收规定的税率25%。

25.第25行"应纳所得税额":填报第23×24行金额。

26.第26行"减免所得税额":填报纳税人按税收规定实际减免的企业所得税额。本行根据《减免所得税优惠明细表》(A107040)填报。

27.第27行"抵免所得税额":填报企业当年的应所得税额中抵免的金额。本行根据《税额抵免优惠明细表》(A107050)填报。

28.第28行"应纳税额":填报第25-26-27行金额。

29.第29行"境外所得应纳所得税额":填报纳税人来源于中国境外的所得,按照我国税收规定计算的应纳税额。本行根据《境外所得税收抵免明细表》(A108000)填报。

30.第30行"境外所得抵免所得税额":填报纳税人来源于中国境外所得依照中国境外税收法律以及相关规定应缴纳并实际缴纳(包括视同已实际缴纳)的企业所得税性质的税款(准予抵免税款)。本行根据《境外所得税收抵免明细表》(A108000)填报。

31. 第31行"实际应纳所得税额":填报第28+29-30行金额。其中,跨地区经营企业类型为"分支机构(须进行完整年度申报并按比例纳税)"的纳税人,填报(第28+29-30行)×"分支机构就地纳税比例"金额。

32. 第32行"本年累计实际已缴纳的所得税额":填报纳税人按照税收规定本纳税年度已在月(季)度累计预缴的所得税额,包括按照税收规定的特定业务已预缴(征)的所得税额,建筑企业总机构直接管理的跨地区设立的项目部按规定向项目所在地主管税务机关预缴的所得税额。

33. 第33行"本年应补(退)的所得税额":填报第31-32行金额。

34. 第34行"总机构分摊本年应补(退)所得税额":填报汇总纳税的总机构按照税收规定在总机构所在地分摊本年应补(退)所得税额。本行根据《跨地区经营汇总纳税企业年度分摊企业所得税明细表》(A109000)填报。

35. 第35行"财政集中分配本年应补(退)所得税额":填报汇总纳税的总机构按照税收规定财政集中分配本年应补(退)所得税款。本行根据《跨地区经营汇总纳税企业年度分摊企业所得税明细表》(A109000)填报。

36. 第36行"总机构主体生产经营部门分摊本年应补(退)所得税额":填报汇总纳税的总机构所属的具有主体生产经营职能的部门按照税收规定应分摊的本年应补(退)所得税额。本行根据《跨地区经营汇总纳税企业年度分摊企业所得税明细表》(A109000)填报。

二、表内、表间关系

(一)表内关系

1. 第10行=第1-2-3-4-5-6-7+8+9行。已执行财会〔2018〕15号的纳税人,不执行本规则。
2. 第13行=第10+11-12行。
3. 第19行=第13-14+15-16-17+18行。
4. 第23行=第19-20-21-22行。
5. 第25行=第23×24行。
6. 第28行=第25-26-27行。
7. 第31行=第28+29-30行。其中,跨地区经营企业类型为"分支机构(须进行完整年度申报并按比例纳税)"的纳税人,第31行=(第28+29-30行)×表A000000"102分支机构就地纳税比例"。
8. 第33行=第31-32行。

(二)表间关系

1. 第1行=表A101010第1行或表A101020第1行或表A103000第2+3+4+5+6行或表A103000第11+12+13+14+15行。
2. 第2行=表A102010第1行或表A102020第1行或表A103000第19+20+21+22行或表A103000第25+26+27行。
3. 第4行=表A104000第26行第1列。
4. 第5行=表A104000第26行第3列。
5. 第6行=表A104000第26行第5列。
6. 第9行=表A103000第8行或者第16行(仅限于填报表A103000的纳税人,其他纳税人根据财务核算情况自行填写)。
7. 第11行=表A101010第16行或表A101020第35行或表A103000第9行或第17行。
8. 第12行=表A102010第16行或表A102020第33行或表A103000第23行或第28行。
9. 第14行=表A108010第14列合计-第11列合计。
10. 第15行=表A105000第45行第3列。
11. 第16行=表A105000第45行第4列。
12. 第17行=表A107010第31行。
13. 第18行:

(1)当第13-14+15-16-17行≥0,第18行=0;

(2)当第13-14+15-16-17<0且表A108000第5列合计行≥0,表A108000第6列合计行>0时,第18行=表A108000第5列合计行与表A100000第13-14+15-16-17行绝对值的孰小值;

(3)当第 13－14＋15－16－17＜0 且表 A108000 第 5 列合计行≥0,表 A108000 第 6 列合计行＝0 时,第 18 行＝0。

14. 第 20 行：

当第 19 行≤0 时,第 20 行＝0；

当第 19 行＞0 时,

(1)第 19 行≥表 A107020 合计行第 11 列,第 20 行＝表 A107020 合计行第 11 列；

(2)第 19 行＜表 A107020 合计行第 11 列,第 20 行＝第 19 行。

15. 第 21 行＝表 A106000 第 11 行 9 列。

16. 第 22 行＝表 A107030 第 15 行 1 列。

17. 第 26 行＝表 A107040 第 33 行。

18. 第 27 行＝表 A107050 第 7 行 11 列。

19. 第 29 行＝表 A108000 合计行第 9 列。

20. 第 30 行＝表 A108000 合计行第 19 列。

21. 第 34 行＝表 A109000 第 12＋16 行。

22. 第 35 行＝表 A109000 第 13 行。

23. 第 36 行＝表 A109000 第 15 行。

表 8-3　　　　　　　　A101010　一般企业收入明细表

行次	项　目	金额
1	一、营业收入(2＋9)	
2	(一)主营业务收入(3＋5＋6＋7＋8)	
3	1.销售商品收入	
4	其中:非货币性资产交换收入	
5	2.提供劳务收入	
6	3.建造合同收入	
7	4.让渡资产使用权收入	
8	5.其他	
9	(二)其他业务收入(10＋12＋13＋14＋15)	
10	1.销售材料收入	
11	其中:非货币性资产交换收入	
12	2.出租固定资产收入	
13	3.出租无形资产收入	
14	4.出租包装物和商品收入	
15	5.其他	
16	二、营业外收入(17＋18＋19＋20＋21＋22＋23＋24＋25＋26)	
17	(一)非流动资产处置利得	
18	(二)非货币性资产交换利得	
19	(三)债务重组利得	
20	(四)政府补助利得	
21	(五)盘盈利得	
22	(六)捐赠利得	
23	(七)罚没利得	
24	(八)确实无法偿付的应付款项	
25	(九)汇兑收益	
26	(十)其他	

A101010 《一般企业收入明细表》填报说明

本表适用于除金融企业、事业单位和民间非营利组织外的企业填报。纳税人应根据国家统一会计制度的规定，填报"主营业务收入""其他业务收入"和"营业外收入"。

一、有关项目填报说明

1. 第1行"营业收入"：根据主营业务收入、其他业务收入的数额计算填报。

2. 第2行"主营业务收入"：根据不同行业的业务性质分别填报纳税人核算的主营业务收入。

3. 第3行"销售商品收入"：填报纳税人从事工业制造、商品流通、农业生产以及其他商品销售活动取得的主营业务收入。房地产开发企业销售开发产品（销售未完工开发产品除外）取得的收入也在此行填报。

4. 第4行"其中：非货币性资产交换收入"：填报纳税人发生的非货币性资产交换按照国家统一会计制度应确认的销售商品收入。

5. 第5行"提供劳务收入"：填报纳税人从事建筑安装、修理修配、交通运输、仓储租赁、邮电通信、咨询经纪、文化体育、科学研究、技术服务、教育培训、餐饮住宿、中介代理、卫生保健、社区服务、旅游、娱乐、加工以及其他劳务活动取得的主营业务收入。

6. 第6行"建造合同收入"：填报纳税人建造房屋、道路、桥梁、水坝等建筑物，以及生产船舶、飞机、大型机械设备等取得的主营业务收入。

7. 第7行"让渡资产使用权收入"：填报纳税人在主营业务收入核算的，让渡无形资产使用权而取得的使用费收入以及出租固定资产、无形资产、投资性房地产取得的租金收入。

8. 第8行"其他"：填报纳税人按照国家统一会计制度核算、上述未列举的其他主营业务收入。

9. 第9行"其他业务收入"：填报根据不同行业的业务性质分别填报纳税人核算的其他业务收入。

10. 第10行"销售材料收入"：填报纳税人销售材料、下脚料、废料、废旧物资等取得的收入。

11. 第11行"其中：非货币性资产交换收入"：填报纳税人发生的非货币性资产交换按照国家统一会计制度应确认的材料销售收入。

12. 第12行"出租固定资产收入"：填报纳税人将固定资产使用权让与承租人获取的其他业务收入。

13. 第13行"出租无形资产收入"：填报纳税人让渡无形资产使用权取得的其他业务收入。

14. 第14行"出租包装物和商品收入"：填报纳税人出租、出借包装物和商品取得的其他业务收入。

15. 第15行"其他"：填报纳税人按照国家统一会计制度核算，上述未列举的其他业务收入。

16. 第16行"营业外收入"：填报纳税人计入本科目核算的与生产经营无直接关系的各项收入。

17. 第17行"非流动资产处置利得"：填报纳税人处置固定资产、无形资产等取得的净收益。

18. 第18行"非货币性资产交换利得"：填报纳税人发生非货币性资产交换应确认的净收益。

19. 第19行"债务重组利得"：填报纳税人发生的债务重组业务确认的净收益。

20. 第20行"政府补助利得"：填报纳税人从政府无偿取得货币性资产或非货币性资产应确认的净收益。

21. 第21行"盘盈利得"：填报纳税人在清查财产过程中查明的各种财产盘盈应确认的净收益。

22. 第22行"捐赠利得"：填报纳税人接受的来自企业、组织或个人无偿给予的货币性资产、非货币性资产捐赠应确认的净收益。

23. 第23行"罚没利得"：填报纳税人在日常经营管理活动中取得的罚款、没收收入应确认的净收益。

24. 第24行"确实无法偿付的应付款项"：填报纳税人因确实无法偿付的应付款项而确认的收入。

25. 第25行"汇兑收益"：填报纳税人取得企业外币货币性项目因汇率变动形成的收益应确认的收入。（该项目为执行小企业会计准则企业填报）

26. 第26行"其他"：填报纳税人取得的上述项目未列举的其他营业外收入,包括执行企业会计准则纳税人按权益法核算长期股权投资对初始投资成本调整确认的收益,执行小企业会计准则纳税人取得的出租包装物和商品的租金收入、逾期未退包装物押金收益等。

二、表内、表间关系

（一）表内关系

1. 第1行＝第2+9行。

2. 第2行＝第3+5+6+7+8行。

3.第9行=第10+12+13+14+15行。

4.第16行=第17+18+19+20+21+22+23+24+25+26行。

(二)表间关系

1.第1行=表A100000第1行。

2.第16行=表A100000第11行。

表8-4　　　　　　　　A102010　一般企业成本支出明细表

行次	项　目	金额
1	一、营业成本(2+9)	
2	(一)主营业务成本(3+5+6+7+8)	
3	1.销售商品成本	
4	其中:非货币性资产交换成本	
5	2.提供劳务成本	
6	3.建造合同成本	
7	4.让渡资产使用权成本	
8	5.其他	
9	(二)其他业务成本(10+12+13+14+15)	
10	1.销售材料成本	
11	其中:非货币性资产交换成本	
12	2.出租固定资产成本	
13	3.出租无形资产成本	
14	4.包装物出租成本	
15	5.其他	
16	二、营业外支出(17+18+19+20+21+22+23+24+25+26)	
17	(一)非流动资产处置损失	
18	(二)非货币性资产交换损失	
19	(三)债务重组损失	
20	(四)非常损失	
21	(五)捐赠支出	
22	(六)赞助支出	
23	(七)罚没支出	
24	(八)坏账损失	
25	(九)无法收回的债券股权投资损失	
26	(十)其他	

A102010《一般企业成本支出明细表》填报说明

本表适用于除金融企业、事业单位和民间非营利组织外的企业填报。纳税人应根据国家统一会计制度的规定,填报"主营业务成本""其他业务成本"和"营业外支出"。

一、有关项目填报说明

1.第1行"营业成本":填报纳税人主要经营业务和其他经营业务发生的成本总额。本行根据"主营业务成本"和

"其他业务成本"的数额计算填报。

2. 第2行"主营业务成本":根据不同行业的业务性质分别填报纳税人核算的主营业务成本。

3. 第3行"销售商品成本":填报纳税人从事工业制造、商品流通、农业生产以及其他商品销售活动发生的主营业务成本。房地产开发企业销售开发产品(销售未完工开发产品除外)发生的成本也在此行填报。

4. 第4行"其中:非货币性资产交换成本":填报纳税人发生的非货币性资产交换按照国家统一会计制度应确认的销售商品成本。

5. 第5行"提供劳务成本":填报纳税人从事建筑安装、修理修配、交通运输、仓储租赁、邮电通信、咨询经纪、文化体育、科学研究、技术服务、教育培训、餐饮住宿、中介代理、卫生保健、社区服务、旅游、娱乐、加工以及其他劳务活动发生的主营业务成本。

6. 第6行"建造合同成本":填报纳税人建造房屋、道路、桥梁、水坝等建筑物,以及生产船舶、飞机、大型机械设备等发生的主营业务成本。

7. 第7行"让渡资产使用权成本":填报纳税人在主营业务成本核算的,让渡无形资产使用权而发生的使用费成本以及出租固定资产、无形资产、投资性房地产发生的租金成本。

8. 第8行"其他":填报纳税人按照国家统一会计制度核算、上述未列举的其他主营业务成本。

9. 第9行"其他业务成本":根据不同行业的业务性质分别填报纳税人按照国家统一会计制度核算的其他业务成本。

10. 第10行"销售材料成本":填报纳税人销售材料、下脚料、废料、废旧物资等发生的成本。

11. 第11行"其中:非货币性资产交换成本":填报纳税人发生的非货币性资产交换按照国家统一会计制度应确认的材料销售成本。

12. 第12行"出租固定资产成本":填报纳税人将固定资产使用权让与承租人形成的出租固定资产成本。

13. 第13行"出租无形资产成本":填报纳税人让渡无形资产使用权形成的出租无形资产成本。

14. 第14行"包装物出租成本":填报纳税人出租、出借包装物形成的包装物出租成本。

15. 第15行"其他":填报纳税人按国家统一会计制度核算、上述未列举的其他业务成本。

16. 第16行"营业外支出":填报纳税人计入本科目核算的与生产经营无直接关系的各项支出。

17. 第17行"非流动资产处置损失":填报纳税人处置非流动资产形成的净损失。

18. 第18行"非货币性资产交换损失":填报纳税人发生非货币性资产交换应确认的净损失。

19. 第19行"债务重组损失":填报纳税人进行债务重组应确认的净损失。

20. 第20行"非常损失":填报纳税人在营业外支出中核算的各项非正常的财产损失。

21. 第21行"捐赠支出":填报纳税人无偿给予其他企业、组织或个人的货币性资产、非货币性资产的捐赠支出。

22. 第22行"赞助支出":填报纳税人发生的货币性资产、非货币性资产赞助支出。

23. 第23行"罚没支出":填报纳税人在日常经营管理活动中对外支付的各项罚款、没收收入的支出。

24. 第24行"坏账损失":填报纳税人发生的各项坏账损失。(该项目为使用小企业会计准则企业填报)

25. 第25行"无法收回的债券股权投资损失":填报纳税人各项无法收回的债券股权投资损失。(该项目为使用小企业会计准则企业填报)

26. 第26行"其他":填报纳税人本期实际发生的在营业外支出核算的其他损失及支出。

二、表内、表间关系

(一)表内关系

1. 第1行=第2+9行。

2. 第2行=第3+5+6+7+8行。

3. 第9行=第10+12+13+14+15行。

4. 第16行=第17+18+…+26行。

(二)表间关系

1. 第1行=表A100000第2行。

2. 第16行=表A100000第12行。

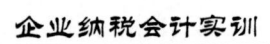

表 8-5　　　　　　　　A104000　期间费用明细表

行次	项目	销售费用	其中：境外支付	管理费用	其中：境外支付	财务费用	其中：境外支付
		1	2	3	4	5	6
1	一、职工薪酬		*		*	*	*
2	二、劳务费					*	*
3	三、咨询顾问费					*	*
4	四、业务招待费		*		*	*	*
5	五、广告费和业务宣传费		*		*	*	*
6	六、佣金和手续费						
7	七、资产折旧摊销费		*		*	*	*
8	八、财产损耗、盘亏及毁损损失		*		*	*	*
9	九、办公费		*		*	*	*
10	十、董事会费		*		*	*	*
11	十一、租赁费						
12	十二、诉讼费		*		*	*	*
13	十三、差旅费						
14	十四、保险费		*		*		
15	十五、运输、仓储费					*	*
16	十六、修理费						
17	十七、包装费		*		*	*	*
18	十八、技术转让费					*	*
19	十九、研究费用					*	*
20	二十、各项税费		*		*	*	*
21	二十一、利息收支	*	*	*	*		
22	二十二、汇兑差额	*	*	*	*		
23	二十三、现金折扣	*	*	*	*		*
24	二十四、党组织工作经费	*	*			*	*
25	二十五、其他						
26	合计(1+2+3+…25)						

A104000《期间费用明细表》填报说明

本表适用于执行企业会计准则、小企业会计准则、企业会计制度、分行业会计制度的查账征收居民纳税人填报。纳税人应根据企业会计准则、小企业会计准则、企业会计、分行业会计制度规定,填报"销售费用""管理费用"和"财务费用"等项目。

一、有关项目填报说明

1.第1列"销售费用":填报在销售费用科目进行核算的相关明细项目的金额,其中金融企业填报在业务及管理费用科目进行核算的相关明细项目的金额。

2.第2列"其中:境外支付":填报在销售费用科目进行核算的向境外支付的相关明细项目的金额,其中金融企业填报在业务及管理费用科目进行核算的相关明细项目的金额。

3.第3列"管理费用":填报在管理费用科目进行核算的相关明细项目的金额。

4.第4列"其中:境外支付":填报在管理费用科目进行核算的向境外支付的相关明细项目的金额。

5.第5列"财务费用":填报在财务费用科目进行核算的有关明细项目的金额。

6.第6列"其中:境外支付":填报在财务费用科目进行核算的向境外支付的有关明细项目的金额。

7.第1行至第25行:根据费用科目核算的具体项目金额进行填报,如果贷方发生额大于借方发生额,应填报负数。

8.第26行第1列:填报第1行至第25行第1列的合计金额。

9.第26行第2列:填报第1行至第25行第2列的合计金额。

10.第26行第3列:填报第1行至第25行第3列的合计金额。

11.第26行第4列:填报第1行至第25行第4列的合计金额。

12.第26行第5列:填报第1行至第25行第5列的合计金额。

13.第26行第6列:填报第1行至第25行第6列的合计金额。

二、表内、表间关系

(一)表内关系

1.第26行第1列=第1列第1+2+…+20+25行。

2.第26行第2列=第2列第2+3+6+11+15+16+18+19+25行。

3.第26行第3列=第3列第1+2+…+20+24+25行。

4.第26行第4列=第4列第2+3+6+11+15+16+18+19+25行。

5.第26行第5列=第5列第6+21+22+23+25行。

6.第26行第6列=第6列第6+21+22+25行。

(二)表间关系

1.第26行第1列=表A100000第4行。

2.第26行第3列=表A100000第5行。

3.第26行第5列=表A100000第6行。

表8-6　　　　　　A105000　纳税调整项目明细表

行次	项　　目	账载金额	税收金额	调增金额	调减金额
		1	2	3	4
1	一、收入类调整项目(2+3+…8+10+11)	*	*		
2	(一)视同销售收入(填写 A105010)	*			*
3	(二)未按权责发生制原则确认的收入(填写 A105020)				
4	(三)投资收益(填写 A105030)				
5	(四)按权益法核算长期股权投资对初始投资成本调整确认收益	*	*	*	
6	(五)交易性金融资产初始投资调整	*	*		*
7	(六)公允价值变动净损益			*	
8	(七)不征税收入	*	*		
9	其中:专项用途财政性资金(填写 A105040)	*	*		
10	(八)销售折扣、折让和退回				

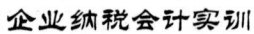

(续表)

行次	项　目	账载金额 1	税收金额 2	调增金额 3	调减金额 4
11	(九)其他				
12	二、扣除类调整项目(13＋14＋…24＋26＋27＋28＋29＋30)	＊	＊		
13	(一)视同销售成本(填写 A105010)	＊		＊	
14	(二)职工薪酬(填写 A105050)				
15	(三)业务招待费支出				＊
16	(四)广告费和业务宣传费支出(填写 A105060)	＊	＊		
17	(五)捐赠支出(填写 A105070)				
18	(六)利息支出				
19	(七)罚金、罚款和被没收财物的损失		＊		＊
20	(八)税收滞纳金、加收利息		＊		＊
21	(九)赞助支出		＊		＊
22	(十)与未实现融资收益相关在当期确认的财务费用				
23	(十一)佣金和手续费支出				＊
24	(十二)不征税收入用于支出所形成的费用	＊	＊	＊	
25	其中:专项用途财政性资金用于支出所形成的费用(填写 A105040)	＊	＊		
26	(十三)跨期扣除项目				
27	(十四)与取得收入无关的支出		＊		＊
28	(十五)境外所得分摊的共同支出	＊	＊		＊
29	(十六)党组织工作经费				
30	(十七)其他				
31	三、资产类调整项目(32＋33＋34＋35)	＊	＊		
32	(一)资产折旧、摊销(填写 A105080)				
33	(二)资产减值准备金		＊		
34	(三)资产损失(填写 A105090)				
35	(四)其他				
36	四、特殊事项调整项目(37＋38＋…＋42)	＊	＊		
37	(一)企业重组及递延纳税事项(填写 A105100)				
38	(二)政策性搬迁(填写 A105110)	＊	＊		
39	(三)特殊行业准备金(填写 A105120)				

(续表)

行次	项 目	账载金额 1	税收金额 2	调增金额 3	调减金额 4
40	(四)房地产开发企业特定业务计算的纳税调整额(填写A105010)	*			*
41	(五)合伙企业法人合伙人应分得的应纳税所得额				
42	(六)其他	*	*		
43	五、特别纳税调整应税所得	*	*		
44	六、其他				
45	合计(1+12+31+36+43+44)	*	*		

A105000 《纳税调整项目明细表》填报说明

本表由纳税人根据税法、相关税收规定以及国家统一会计制度的规定,填报企业所得税涉税事项的会计处理、税务处理以及纳税调整情况。

一、有关项目填报说明

纳税人按照"收入类调整项目""扣除类调整项目""资产类调整项目""特殊事项调整项目""特别纳税调整应税所得""其他"六类分项填报,汇总计算出纳税"调增金额"和"调减金额"的合计金额。

数据栏分别设置"账载金额""税收金额""调增金额""调减金额"四个栏次。"账载金额"是指纳税人按照国家统一会计制度规定核算的项目金额。"税收金额"是指纳税人按照税收规定计算的项目金额。

对需填报下级明细表的纳税调整项目,其"账载金额""税收金额""调增金额""调减金额"根据相应附表进行计算填报。

(一)收入类调整项目

1.第1行"一、收入类调整项目":根据第2行至第11行(不含第9行)进行填报。

2.第2行"(一)视同销售收入":根据《视同销售和房地产开发企业特定业务纳税调整明细表》(A105010)填报。第2列"税收金额"填报表A105010第1行第1列金额。第3列"调增金额"填报表A105010第1行第2列金额。

3.第3行"(二)未按权责发生制原则确认的收入":根据《未按权责发生制确认收入纳税调整明细表》(A105020)填报。第1列"账载金额"填报表A105020第14行第2列金额。第2列"税收金额"填报表A105020第14行第4列金额。若表A105020第14行第6列≥0,第3列"调增金额"填报表A105020第14行第6列金额。若表A105020第14行第6列<0,第4列"调减金额"填报表A105020第14行第6列金额的绝对值。

4.第4行"(三)投资收益":根据《投资收益纳税调整明细表》(A105030)填报。第1列"账载金额"填报表A105030第10行第1+8列的合计金额。第2列"税收金额"填报表A105030第10行第2+9列的合计金额。若表A105030第10行第11列≥0,第3列"调增金额"填报表A105030第10行第11列金额。若表A105030第10行第11列<0,第4列"调减金额"填报表A105030第10行第11列金额的绝对值。

5.第5行"(四)按权益法核算长期股权投资对初始投资成本调整确认收益":第4列"调减金额"填报纳税人采取权益法核算,初始投资成本小于取得投资时应享有被投资单位可辨认净资产公允价值份额的差额计入取得投资当期营业外收入的金额。

6.第6行"(五)交易性金融资产初始投资调整":第3列"调增金额"填报纳税人根据税收规定确认交易性金融资产初始投资金额与会计核算的交易性金融资产初始投资账面价值的差额。

7.第7行"(六)公允价值变动净损益":第1列"账载金额"填报纳税人会计核算的以公允价值计量的金融资产、金融负债以及投资性房地产类项目,计入当期损益的公允价值变动金额。若第1列≤0,第3列"调增金额"填报第1列金额的绝对值。若第1列>0,第4列"调减金额"填报第1列金额。

8.第8行"(七)不征税收入":填报纳税人计入收入总额但属于税收规定不征税的财政拨款、依法收取并纳入财政管理的行政事业性收费以及政府性基金和国务院规定的其他不征税收入。第3列"调增金额"填报纳税人以前年

度取得财政性资金且已作为不征税收入处理,在5年(60个月)内未发生支出且未缴回财政部门或其他拨付资金的政府部门,应计入应税收入额的金额。第4列"调减金额"填报符合税收规定不征税收入条件并作为不征税收入处理,且已计入当期损益的金额。

9. 第9行"专项用途财政性资金":根据《专项用途财政性资金纳税调整明细表》(A105040)填报。第3列"调增金额"填报表A105040第7行第14列金额。第4列"调减金额"填报表A105040第7行第4列金额。

10. 第10行"(八)销售折扣、折让和退回":填报不符合税收规定的销售折扣、折让应进行纳税调整的金额和发生的销售退回因会计处理与税收规定有差异需纳税调整的金额。第1列"账载金额"填报纳税人会计核算的销售折扣、折让金额和销货退回的追溯处理的净调整额。第2列"税收金额"填报根据税收规定可以税前扣除的折扣、折让的金额和销货退回业务影响当期损益的金额。若第1列≥第2列,第3列"调增金额"填报第1-2列金额。若第1列<第2列,第4列"调减金额"填报第1-2列金额的绝对值,第4列仅为销货退回影响损益的跨期时间性差异。

11. 第11行"(九)其他":填报其他因会计处理与税收规定有差异需纳税调整的收入类项目金额。若第2列≥第1列,第3列"调增金额"填报第2-1列金额。若第2列<第1列,第4列"调减金额"填报第2-1列金额的绝对值。

(二)扣除类调整项目

12. 第12行"二、扣除类调整项目":根据第13行至第30行(不含第25行)填报。

13. 第13行"(一)视同销售成本":根据《视同销售和房地产开发企业特定业务纳税调整明细表》(A105010)填报。第2列"税收金额"填报表A105010第11行第1列金额。第4列"调减金额"填报表A105010第11行第2列的绝对值。

14. 第14行"(二)职工薪酬":根据《职工薪酬支出及纳税调整明细表》(A105050)填报。第1列"账载金额"填报表A105050第13行第1列金额。第2列"税收金额"填报表A105050第13行第5列金额。若表A105050第13行第6列≥0,第3列"调增金额"填报表A105050第13行第6列金额。若表A105050第13行第6列<0,第4列"调减金额"填报表A105050第13行第6列金额的绝对值。

15. 第15行"(三)业务招待费支出":第1列"账载金额"填报纳税人会计核算计入当期损益的业务招待费金额。第2列"税收金额"填报按照税收规定允许税前扣除的业务招待费支出的金额。第3列"调增金额"填报第1-2列金额。

16. 第16行"(四)广告费和业务宣传费支出":根据《广告费和业务宣传费跨年度纳税调整明细表》(A105060)填报。若表A105060第12行≥0,第3列"调增金额"填报表A105060第12行金额。若A105060第12行<0,第4列"调减金额"填报表A105060第12行金额的绝对值。

17. 第17行"(五)捐赠支出":根据《捐赠支出及纳税调整明细表》(A105070)填报。第1列"账载金额"填报表A105070第8行第1列金额。第2列"税收金额"填报表A105070第8行第4列金额。第3列"调增金额"填报表A105070第8行第5列金额。第4列"调减金额"填报表A105070第8行第6列金额。

18. 第18行"(六)利息支出":第1列"账载金额"填报纳税人向非金融企业借款,会计核算计入当期损益的利息支出的金额。第2列"税收金额"填报按照税收规定允许税前扣除的利息支出的金额。若第1列≥第2列,第3列"调增金额"填报第1-2列金额。若第1列<第2列,第4列"调减金额"填报第1-2列金额的绝对值。

19. 第19行"(七)罚金、罚款和被没收财物的损失":第1列"账载金额"填报纳税人会计核算计入当期损益的罚金、罚款和被没收财物的损失,不包括纳税人按照经济合同规定支付的违约金(包括银行罚息)、罚款和诉讼费。第3列"调增金额"填报第1列金额。

20. 第20行"(八)税收滞纳金、加收利息":第1列"账载金额"填报纳税人会计核算计入当期损益的税收滞纳金、加收利息。第3列"调增金额"填报第1列金额。

21. 第21行"(九)赞助支出":第1列"账载金额"填报纳税人会计核算计入当期损益的不符合税收规定的公益性捐赠的赞助支出的金额,包括直接向受赠人的捐赠、赞助支出等(不含广告性的赞助支出,广告性的赞助支出在表A105060中填报)。第3列"调增金额"填报第1列金额。

22. 第22行"(十)与未实现融资收益相关在当期确认的财务费用":第1列"账载金额"填报纳税人会计核算的与未实现融资收益相关并在当期确认的财务费用的金额。第2列"税收金额"填报按照税收规定允许税前扣除的金额。若第1列≥第2列,第3列"调增金额"填报第1-2列金额。若第1列<第2列,第4列"调减金额"填报第1-2列金额的绝对值。

23. 第23行"(十一)佣金和手续费支出":第1列"账载金额"填报纳税人会计核算计入当期损益的佣金和手续费金额。第2列"税收金额"填报按照税收规定允许税前扣除的佣金和手续费支出金额。第3列"调增金额"填报第1-2列金额。

24. 第24行"(十二)不征税收入用于支出所形成的费用":第3列"调增金额"填报符合条件的不征税收入用于支出所形成的计入当期损益的费用化支出金额。

25. 第25行"专项用途财政性资金用于支出所形成的费用":根据《专项用途财政性资金纳税调整明细表》(A105040)填报。第3列"调增金额"填报表A105040第7行第11列金额。

26. 第26行"(十三)跨期扣除项目":填报维简费、安全生产费用、预提费用、预计负债等跨期扣除项目调整情况。第1列"账载金额"填报纳税人会计核算计入当期损益的跨期扣除项目金额。第2列"税收金额"填报按照税收规定允许税前扣除的金额。若第1列≥第2列,第3列"调增金额"填报第1-2列金额。若第1列<第2列,第4列"调减金额"填报第1-2列金额的绝对值。

27. 第27行"(十四)与取得收入无关的支出":第1列"账载金额"填报纳税人会计核算计入当期损益的与取得收入无关的支出的金额。第3列"调增金额"填报第1列金额。

28. 第28行"(十五)境外所得分摊的共同支出":根据《境外所得纳税调整后所得明细表》(A108010)填报。第3列"调增金额"填报表A108010合计行第16+17列金额。

29. 第29行"(十六)党组织工作经费":填报纳税人根据有关文件规定,为创新基层党建工作、建立稳定的经费保障制度发生的党组织工作经费及纳税调整情况。

30. 第30行"(十七)其他":填报其他因会计处理与税收规定有差异需纳税调整的扣除类项目金额。若第1列≥第2列,第3列"调增金额"填报第1-2列金额。若第1列<第2列,第4列"调减金额"填报第1-2列金额的绝对值。

(三)资产类调整项目

31. 第31行"三、资产类调整项目":填报资产类调整项目第32行至第35行的合计金额。

32. 第32行"(一)资产折旧、摊销":根据《资产折旧、摊销及纳税调整明细表》(A105080)填报。第1列"账载金额"填报表A105080第36行第2列金额。第2列"税收金额"填报表A105080第36行第5列金额。若表A105080第36行第9列≥0,第3列"调增金额"填报表A105080第36行第9列金额。若表A105080第36行第9列<0,第4列"调减金额"填报表A105080第36行第9列金额的绝对值。

33. 第33行"(二)资产减值准备金":填报坏账准备、存货跌价准备、理赔费用准备金等不允许税前扣除的各类资产减值准备金纳税调整情况。第1列"账载金额"填报纳税人会计核算计入当期损益的资产减值准备金金额(因价值恢复等原因转回的资产减值准备金应予以冲回)。若第1列≥0,第3列"调增金额"填报第1列金额。若第1列<0,第4列"调减金额"填报第1列金额的绝对值。

34. 第34行"(三)资产损失":根据《资产损失税前扣除及纳税调整明细表》(A105090)填报。第1列"账载金额"填报表A105090第28行第1列金额。第2列"税收金额"填报表A105090第28行第5列金额。若表A105090第28行第6列≥0,第3列"调增金额"填报表A105090第28行第6列金额。若表A105090第28行第6列<0,第4列"调减金额"填报表A105090第28行第6列金额的绝对值。

35. 第35行"(四)其他":填报其他因会计处理与税收规定有差异需纳税调整的资产类项目金额。若第1列≥第2列,第3列"调增金额"填报第1-2列金额。若第1列<第2列,第4列"调减金额"填报第1-2列金额的绝对值。

(四)特殊事项调整项目

36. 第36行"四、特殊事项调整项目":填报特殊事项调整项目第37行至第42行的合计金额。

37. 第37行"(一)企业重组及递延纳税事项":根据《企业重组及递延纳税事项纳税调整明细表》(A105100)填报。第1列"账载金额"填报表A105100第16行第1+4列金额。第2列"税收金额"填报表A105100第16行第2+5列金额。若表A105100第16行第7列≥0,第3列"调增金额"填报表A105100第16行第7列金额。若表A105100第16行第7列<0,第4列"调减金额"填报表A105100第16行第7列金额的绝对值。

38. 第38行"(二)政策性搬迁":根据《政策性搬迁纳税调整明细表》(A105110)填报。若表A105110第24行≥0,第3列"调增金额"填报表A105110第24行金额。若表A105110第24行<0,第4列"调减金额"填报表A105110第24行金额的绝对值。

39.第39行"(三)特殊行业准备金":根据《特殊行业准备金及纳税调整明细表》(A105120)填报。第1列"账载金额"填报表A105120第43行第1列金额。第2列"税收金额"填报表A105120第43行第2列金额。若表A105120第43行第3列≥0,第3列"调增金额"填报表A105120第43行第3列金额。若表A105120第43行第3列<0,第4列"调减金额"填报表A105120第43行第3列金额的绝对值。

40.第40行"(四)房地产开发企业特定业务计算的纳税调整额":根据《视同销售和房地产开发企业特定业务纳税调整明细表》(A105010)填报。第2列"税收金额"填报表A105010第21行第1列金额。若表A105010第21行第2列≥0,第3列"调增金额"填报表A105010第21行第2列金额。若表A105010第21行第2列<0,第4列"调减金额"填报表A105010第21行第2列金额的绝对值。

41.第41行"(五)合伙企业法人合伙人应分得的应纳税所得额":第1列"账载金额"填报合伙企业法人合伙人本年会计核算上确认的对合伙企业的投资所得。第2列"税收金额"填报纳税人按照"先分后税"原则和《财政部 国家税务总局关于合伙企业合伙人所得税问题的通知》(财税〔2008〕159号)文件第四条规定计算的从合伙企业分得的法人合伙人应纳税所得额。若第1列≤第2列,第3列"调增金额"填报第2-1列金额。若第1列>第2列,第4列"调减金额"填报第2-1列金额的绝对值。

42.第42行"(六)其他":填报其他因会计处理与税收规定有差异需纳税调整的特殊事项金额。

(五)特殊纳税调整所得项目

43.第43行"五、特别纳税调整应税所得":第3列"调增金额"填报纳税人按特别纳税调整规定自行调增的当年应税所得。第4列"调减金额"填报纳税人依据双边预约定价安排或者转让定价相应调整磋商结果的通知,需要调减的当年应税所得。

(六)其他

44.第44行"六、其他":填报其他会计处理与税收规定存在差异需纳税调整的项目金额,包括企业执行《企业会计准则第14号——收入》(财会〔2017〕22号发布)产生的税会差异纳税调整金额。

45.第45行"合计":填报第1+12+31+36+43+44行的合计金额。

二、表内、表间关系

(一)表内关系

1.第1行=第2+3+4+5+6+7+8+10+11行。

2.第12行=第13+14+…+23+24+26+27+28+29+30行。

3.第31行=第32+33+34+35行。

4.第36行=第37+38+39+40+41+42行。

5.第45行=第1+12+31+36+43+44行。

(二)表间关系

1.第2行第2列=表A105010第1行第1列;第2行第3列=表A105010第1行第2列。

2.第3行第1列=表A105020第14行第2列;第3行第2列=表A105020第14行第4列;若表A105020第14行第6列≥0,第3行第3列=表A105020第14行第6列;若表A105020第14行第6列<0,第3行第4列=表A105020第14行第6列的绝对值。

3.第4行第1列=表A105030第10行第1+8列;第4行第2列=表A105030第10行第2+9列;若表A105030第10行第11列≥0,第4行第3列=表A105030第10行第11列;若表A105030第10行第11列<0,第4行第4列=表A105030第10行第11列的绝对值。

4.第9行第3列=表A105040第7行第14列;第9行第4列=表A105040第7行第4列。

5.第13行第2列=表A105010第11行第1列;第13行第4列=表A105010第11行第2列的绝对值。

6.第14行第1列=表A105050第13行第1列;第14行第2列=表A105050第13行第5列;若表A105050第13行第6列≥0,第14行第3列=表A105050第13行第6列;若表A105050第13行第6列<0,第14行第4列=表A105050第13行第6列的绝对值。

7.若表A105060第12行≥0,第16行第3列=表A105060第12行,若表A105060第12行<0,第16行第4列=表A105060第12行的绝对值。

8.第17行第1列=表A105070第8行第1列;第17行第2列=表A105070第8行第4列;第17行第3列=表

A105070 第 8 行第 5 列;第 17 行第 4 列＝表 A105070 第 8 行第 6 列。

9. 第 25 行第 3 列＝表 A105040 第 7 行第 11 列。

10. 第 28 行第 3 列＝表 A108010 第 10 行第 16＋17 列。

11. 第 32 行第 1 列＝表 A105080 第 36 行第 2 列;第 32 行第 2 列＝表 A105080 第 36 行第 5 列;若表 A105080 第 36 行第 9 列≥0,第 32 行第 3 列＝表 A105080 第 36 行第 9 列;若表 A105080 第 36 行第 9 列＜0,第 32 行第 4 列＝表 A105080 第 36 行第 9 列的绝对值。

12. 第 34 行第 1 列＝表 A105090 第 28 行第 1 列;第 34 行第 2 列＝表 A105090 第 28 行第 5 列;若表 A105090 第 28 行第 6 列≥0,第 34 行第 3 列＝表 A105090 第 28 行第 6 列;若表 A105090 第 28 行第 6 列＜0,第 34 行第 4 列＝表 A105090 第 28 行第 6 列的绝对值。

13. 第 37 行第 1 列＝表 A105100 第 16 行第 1＋4 列;第 37 行第 2 列＝表 A105100 第 16 行第 2＋5 列;若表 A105100 第 16 行第 7 列≥0,第 37 行第 3 列＝表 A105100 第 16 行第 7 列;若表 A105100 第 16 行第 7 列＜0,第 37 行第 4 列＝表 A105100 第 16 行第 7 列的绝对值。

14. 若表 A105110 第 24 行≥0,第 38 行第 3 列＝表 A105110 第 24 行;若表 A105110 第 24 行＜0,第 38 行第 4 列＝表 A105110 第 24 行的绝对值。

15. 第 39 行第 1 列＝表 A105120 第 43 行第 1 列;第 39 行第 2 列＝表 A105120 第 43 行第 2 列;若表 A105120 第 43 行第 3 列≥0,第 39 行第 3 列＝表 A105120 第 43 行第 3 列;若表 A105120 第 43 行第 3 列＜0,第 39 行第 4 列＝表 A105120 第 43 行第 3 列的绝对值。

16. 第 40 行第 2 列＝表 A105010 第 21 行第 1 列;若表 A105010 第 21 行第 2 列≥0,第 40 行第 3 列＝表 A105010 第 21 行第 2 列;若表 A105010 第 21 行第 2 列＜0,第 40 行第 4 列＝表 A105010 第 21 行第 2 列的绝对值。

17. 第 45 行第 3 列＝表 A100000 第 15 行;第 45 行第 4 列＝表 A100000 第 16 行。

项目九 个人所得税纳税实训

一 基本技能实训

（一）单项选择题

1. 在中国境内有住所，或者无住所而一个纳税年度内在中国境内居住累计满（　　）天的个人，为居民个人。

   A. 183　　　　B. 90　　　　C. 360　　　　D. 270

2. 在中国境内无住所又不居住，或者无住所而一个纳税年度内在中国境内居住累计不满一百八十三天的个人（　　）。

   A. 就来源于中国境内、外的所得纳税　　B. 仅就来源于中国境内的所得纳税

   C. 仅就来源于中国境外的所得纳税　　D. 不负有个人所得税纳税义务

3. 下列各项所得中，不需要计入综合所得的是（　　）。

   A. 偶然所得　　　　　　　　　　B. 劳务报酬所得

   C. 稿酬所得　　　　　　　　　　D. 工资薪金所得

4. 下列个人所得在计算应纳税所得额时，采用定额与定率相结合扣除费用的是（　　）。

   A. 工资、薪金所得　　　　　　　B. 个体工商户的生产、经营所得

   C. 偶然所得　　　　　　　　　　D. 劳务报酬所得

5. 王某的一篇论文被编入某论文集出版，取得稿酬 7 000 元，王某所获稿酬应预扣预缴纳的个人所得税为（　　）元。

   A. 728　　　　B. 784　　　　C. 812　　　　D. 868

6. 韩国居民崔先生受其供职的境外公司委派，来华从事设备安装调试工作，在华停留 60 天，其间取得境外公司支付的工资 40 000 元，取得中国体育彩票中奖收入 20 000 元。崔先生应在中国缴纳个人所得税（　　）元。

   A. 4 000　　　B. 5 650　　　C. 9 650　　　D. 10 250

7. 个人所得税的纳税义务人不包括（　　）。

   A. 国有独资企业　　　　　　　　B. 个人独资企业投资者

C. 合伙企业合伙人　　　　　　　　D. 股份有限公司总经理

8. 下列（　　）需要按五级超额累进税率计算个人所得税。

A. 个体工商户的生产经营所得　　　B. 财产租赁所得

C. 特许权使用费所得　　　　　　　D. 稿酬所得

9. 下列（　　）不属于专项附加扣除。

A. 技能人员职业资格继续教育支出　B. 赡养 59 岁的老人支出

C. 大病医疗个人负担 2 万元　　　　D. 首套住房贷款利息

10. 根据个人所得税法律制度规定，个人将其所得通过中国境内社会团体、国家机关向教育、公益事业和遭受严重灾害地区、贫困地区的捐赠，捐赠额不超过应纳税所得额的一定比例的部分，可以从其应纳税所得额中扣除，该比例为（　　）。

A. 3%　　　　　B. 10%　　　　　C. 30%　　　　　D. 全额扣除

（二）多项选择题

1. 下列属于劳务报酬所得的有（　　）。

A. 笔译翻译收入　　　　　　　　　B. 审稿收入

C. 现场书画收入　　　　　　　　　D. 雕刻收入

2. 下列项目中计征个人所得税时，允许从总收入中减除费用 800 元的有（　　）。

A. 稿费 3 500 元　　　　　　　　　B. 在有奖销售中一次性获奖 2 000 元

C. 提供咨询服务一次取得收入 3 000 元　D. 转让房屋收入 100 000 元

3. 下列各项所得在计算应纳税所得额时不允许扣减任何费用的有（　　）。

A. 偶然所得　　　　　　　　　　　B. 特许权使用费所得

C. 财产租赁所得　　　　　　　　　D. 利息、股息所得

4. 下列各项中，适用 5%～35% 的五级超额累进税率征收个人所得税的有（　　）。

A. 个体工商户的生产、经营所得　　B. 合伙企业的生产、经营所得

C. 个人独资企业的生产、经营所得　D. 对企事业单位的承包经营、承租经营所得

5. 根据现行税法规定，下列所得可以免征个人所得税的有（　　）。

A. 购买国家债券取得的利息　　　　B. 个人出售已购公有住房的收入

C. 个人取得的教育储蓄存款利息　　D. 个人出租自有居住用房的收入

6. 下列情形中，纳税人应当自行办理纳税申报的有（　　）。

A. 取得应税所得而没有扣缴义务人的

B. 因移居境外注销中国户籍

C. 取得境外所得

D. 非居民个人在中国境内从一个公司取得工资、薪金所得的

7.下列人员为个人所得税的居民个人的有(　　)。

A.在中国境内有住所的个人

B.具有中国国籍的国内公民

C.在中国境内定居的外国侨民

D.在中国境内无居所且居住不满90天的外籍人员

8.下列各项中,属于个人所得税专项附加扣除中子女教育支出的有(　　)。

A.子女接受全日制学历教育的相关支出

B.子女接受学前教育的相关支出

C.纳税人接受技能人员职业资格继续教育

D.纳税人接受在职研究生教育支出

9.居民个人取得(　　)形式的收入,需要综合计算缴纳税款。

A. 劳务报酬　　　　　　　　B.财产转让所得

C.特许权使用费　　　　　　D.个体工商户的生产、经营所得

10.下列项目中,免征个人所得税的有(　　)。

A.工会经费中支付给个人的生活补助费

B.单位为职工个人购买商业性补充养老保险

C.个人取得1 000元的单张发票奖金

D.保险赔款

(三)判断题

1.个人独资企业实际发生的工会经费、职工福利费、职工教育经费分别在其计税工资总额的2%、14%、8%的标准内据实扣除。　　　　　　　　　　　　(　　)

2.劳务报酬所得是指个人从事各种雇佣劳动取得的所得。　　　　　(　　)

3.居民个人从中国境内和境外取得的综合所得、经营所得,应当分别合并计算应纳税额。　　　　　　　　　　　　　　　　　　　　　　　　　　　　(　　)

4.个人领取原提存的住房公积金、医疗保险金、基本养老保险金,均免予征收个人所得税。　　　　　　　　　　　　　　　　　　　　　　　　　　　　(　　)

5.纳税人赡养一位及以上被赡养人的赡养支出,纳税人为独生子女的,按照每月每个老人2 000元的标准定额扣除。　　　　　　　　　　　　　　　　(　　)

6.个人所得税的纳税人从中国境外取得的所得,仅区别不同国家或地区,依我国税法规定扣除标准和税率计算扣除限额。　　　　　　　　　　　　　(　　)

7.纳税人取得经营所得,按年计算个人所得税,由纳税人在月度或季度终了后15日内,向税务机关报送纳税申报表,并预缴税款,在取得所得的次年3月31日前办理汇算

清缴。（　　）

8.居民个人从中国境外取得所得的,不需要向中国境内任职、受雇单位所在地主管税务机关办理纳税申报。（　　）

9.个体工商企业计提的各种准备金不得扣除。（　　）

10.大病医疗计算时间为医疗保障信息系统记录的医药费用实际支出的当年。（　　）

二 业务技能实训

（一）张磊是某大学音乐系的教授。其妹妹有工作,父母均超过60岁。有一个女儿正在读大学本科二年级,本人在2021年因住院发生的与基本医疗保险相关的医药费用支出,扣除医保报销后个人负担(指医保目录范围内的自付部分)50 000元,没有住房贷款利息和租金支出。子女教育支出与妻子分摊,大病医疗自行负担,赡养父母与妹妹分摊。个人购买税法规定的商业健康保险产品,每年支出3 000元。2021年度1~12月其他个人所得情况如下：

（1）每月扣除三险一金后的工资收入是14 000元,学校按月预扣预缴工资、薪金个人所得税；

（2）取得保险公司付给的个人财产保险赔款9 000元；

（3）取得借给乙公司借款的利息60 000元,乙公司代扣代缴个人所得税；

（4）将自有不需用的房屋一栋转让给丙公司,经协商转让价格为360 000元,该房屋的原值为250 000元,转让过程中发生转让税费5 400元,丙公司应代扣代缴个人所得税；

（5）向丁公司提供一项专有技术,一次性取得含税特许权使用费50 000元,丁公司预扣预缴个人所得税；

（6）出版专著一本,获得含税稿酬12 000元,出版社预扣预缴个人所得税；

（7）被邀请参加商业演出2次,分别取得出场费3 000元和30 000元,演出单位已经预扣预缴个人所得税；

（8）出访加拿大,在加拿大到某大学讲学获得收入折合人民币17 400元,在加拿大该项所得已纳个人所得税3 220元；

（9）出访日本,在日本期间通过协商将其专著翻译成日文出版,获得版权收入折合人民币37 500元,在日本该项所得已纳个人所得税3 750元。

要求：

1.计算相关单位预(代)扣缴的个人所得税并进行账务处理。

2.计算张磊个人的综合所得,并代张磊填写纳税申报表(表9-1至表9-4)。

表9-1

个人所得税扣缴申报表

税款所属期：自　年　月　日至　年　月　日

扣缴义务人名称：

扣缴义务人纳税人识别号（统一社会信用代码）：□□□□□□□□□□□□□□□□□□

金额单位：人民币元（列至角分）

序号	姓名	身份证件类型	身份证件号码	纳税人识别号	是否为非居民个人	所得项目	收入额计算			本月（次）情况								累计情况											税款计算					备注
							收入	免税收入	减除费用	专项扣除				其他扣除				累计收入额	累计减除费用	累计专项扣除	累计专项附加扣除					累计其他扣除	减按计税比例	准予扣除的捐赠额	应纳税所得额	税率/预扣率	速算扣除数	应纳税额	减免税额	已缴税额	应补/退税额	
										基本养老保险费	基本医疗保险费	失业保险费	住房公积金	年金	商业健康保险	税延养老保险	财产原值	允许扣除的税费	其他			子女教育	赡养老人	住房贷款利息	住房租金	继续教育	大病医疗										
	1	2	3	4	5	6	7	8	9	10	11	12	13	14	15	16	17	18	19	20	21	22	23	24	25	26	27	28	29	30	31	32	33	34	35	36	37	38	39	40
合计合计																																									

谨声明：本表是根据国家税收法律法规及相关规定填报的，是真实的、可靠的、完整的。

经办人签字：

经办人身份证件号码：

代理人签字（签章）：

代理机构签章：

代理机构统一社会信用代码：

扣缴义务人（签章）：　　　　　　　　年　月　日

受理人：

受理税务机关（章）：

受理日期：　年　月　日

国家税务总局监制

《个人所得税扣缴申报表》填表说明

一、适用范围

本表适用于扣缴义务人向居民个人支付工资、薪金所得,劳务报酬所得,稿酬所得和特许权使用费所得的个人所得税全员全额预扣预缴申报;向非居民个人支付工资、薪金所得,劳务报酬所得,稿酬所得和特许权使用费所得以及向纳税人(居民个人和非居民个人)支付利息、股息、红利所得,财产租赁所得,财产转让所得和偶然所得的个人所得税全员全额扣缴申报。

二、报送期限

扣缴义务人应当在每月或者每次预扣、代扣税款的次月15日内,将已扣税款缴入国库,并向税务机关报送本表。

三、本表各栏项目

（一）表头项目

1. 税款所属期:填写扣缴义务人预扣、代扣税款当月的第1日至最后1日。如,2021年9月20日发放工资时代扣的税款,税款所属期填写"2021年1月1日至2021年9月30日"。

2. 扣缴义务人名称:填写扣缴义务人的法定名称全称。

3. 扣缴义务人纳税人识别号(统一社会信用代码):填写扣缴义务人的纳税人识别号或者统一社会信用代码。

（二）表内各栏

1. 第2列"姓名":填写纳税人姓名。

2. 第3列"身份证件类型":填写纳税人有效的身份证件名称。中国公民有中华人民共和国居民身份证的,填写居民身份证;没有居民身份证的,填写中华人民共和国护照、台湾居民来往大陆通行证或者港澳居民来往内地通行证;台湾居民通行证、台湾居民身份证的,填写中华人民共和国港澳居民居住证、台湾居民居住证;没有中国公民身份证号的,填写中华人民共和国港澳居民居住证、台湾居民居住证;有中国公民身份证号的,填写中华人民共和国居民身份证上载明的"公民身份号码";没有中国公民身份证号的,填写税务机关赋予的纳税人识别号。

4. 第5列"纳税人识别号":有中国公民身份证号的,填写中华人民共和国居民身份证上载明的"公民身份号码";没有中国公民身份证号的,填写税务机关赋予的纳税人识别号。

5. 第6列"是否为非居民个人":纳税人为非居民个人的,填写"是",且不超过90天的填写"否"。

6. 第7列"所得项目":填写纳税人取得的个人所得税法第二条规定的应税所得项目名称。同一纳税人取得多项或者多次所得的,应分行填写。

7. 第8~21列"本月(次)情况":填写扣缴义务人支付各所得项目当月(次)可扣除的减除费用、专项扣除、其他扣除等。以及按规定支付给纳税人当月(次)所得中,该任职受雇单位截至当月可享受的各专项附加扣除项目的扣除总额,填写至"累计情况"中。

8. 第25~29列相应栏,本月情况中则无须填写。

    (1)"收入额不计算":包含"收入""免征收入"。

① 第8列"收入"。填写当月(次)扣缴义务人支付给纳税人的总额。

②第9列"费用":取得劳务报酬所得、稿酬所得、特许权使用费所得时须填写本列。取得其他各项所得时无须填写本列。居民个人取得上述所得,每次收入4 000元以上的,费用按收入的20%填写。费用"800"元,每次收入4 000元以上的,费用按收入的20%填写。

③第10列"免税收入":填写纳税人各所得项目收入总额中,按税法规定的免税收入金额。其中,税法规定稿酬所得的收入额减按70%计算,对稿酬所得的收入额减计的30%部分,填入本列。

(2)第11列"减除费用":按税法规定的减除费用标准填写。如,2019年纳税人取得工资、薪金所得按月申报时,填写5 000元。纳税人取得财产租赁所得,每次收入不超过4 000元的,填写800元,每次收入4 000元以上的,按收入的20%填写。

(3)第12~15列"专项扣除":分别填写按规定允许扣除的基本养老保险费、基本医疗保险费、失业保险费、住房公积金(以下简称"三险一金")的金额。

(4)第16~21列"其他扣除":分别填写按规定允许扣除的项目金额。

8. 第22~30列"累计收入情况":本栏适用于居民个人取得工资、薪金所得,扣缴义务人支付给保险营销员、证券经纪人的劳务报酬所得在预缴税款时填报。

(1)第22列"累计收入额":填写本纳税年度截至当前月份,扣缴义务人按规定实行累计预扣法预扣预缴税款时的劳务报酬所得的累计收入额。

(2)第23列"累计减除费用":按5000元/月乘以纳税人当年在本单位的任职受雇或者从业的月份数计算。

(3)第24列"累计专项扣除":填写本年度截至当前月份,按规定允许扣除的"三险一金"的累计金额。

(4)第25~29列"累计专项附加扣除":分别填写截至当前月份,纳税人按规定可享受的子女教育、赡养老人、职业年金、商业健康保险、税延养老保险、住房贷款利息或者住房租赁、继续教育扣除的累计金额。

(5)第30列"累计其他扣除":填写本年度截至当前月份,按规定允许扣除的年金(包括企业年金、职业年金)、商业健康保险、税延养老保险及其他扣除项目的累计金额。

(1)第31列"减按计税比例":填写按规定实行减计税所得额优惠计税比例的减计比例。无减计税的,可不填,系统默认为100%。如,某项税收政策实行减按60%计入应纳税所得额,则本列填60%。

10. 第32列"准予扣除的捐赠额":填写按照税法规定,可在税前扣除的捐赠额。

11. 第33~39列"税款计算":填写相关列计算个人所得税款的计算项。

(1)第33列"应纳税所得额":根据相关列次计算填报。

①居民个人取得工资、薪金所得,填写累计收入额减去累计减除费用、累计专项扣除、累计专项附加扣除、累计依法确定的其他扣除、累计准予扣除的捐赠额后的余额。

②非居民个人取得工资、薪金所得,填写本月(次)收入额减去减除费用后的余额。

③居民个人或者非居民个人取得劳务报酬所得、稿酬所得、特许权使用费所得,填写本月(次)收入额减去减除费用、其他扣除、允许扣除的捐赠额后的余额。

④居民个人或者非居民个人取得利息、股息、红利所得,填写本月(次)收入额。

⑤居民个人或者非居民个人取得财产租赁所得,填写本月(次)收入额减去减除费用、其他扣除后的余额。

⑥居民个人或者非居民个人取得财产转让所得,填写本月(次)收入额减去减除财产原值、其他扣除后的余额。

其中,适用"减按计税比例"的所得项目,其应纳税所得额按上述方法计算后再乘以减按计税比例计算。

保险营销员、证券经纪人取得的佣金收入等按规定采取累计预扣法预扣预缴税款时填报。

(2) 第 34～35 列"税率/预扣率""速算扣除数": 填写各所得项目按规定适用的税率(或预扣率)和速算扣除数。没有速算扣除数的,则不填。

(3) 第 36 列"应纳税额": 根据相关列次计算填报。第 36 列=第 33 列×第 34 列－第 35 列。

(4) 第 37 列"减免税额": 填写符合税法规定可减免的税额,并附报《个人所得税减免税事项报告表》。居民个人工资、薪金所得,以及保险营销员、证券经纪人取得佣金收入,填写本年度累计减免税额;居民个人取得工资、薪金以外的所得或非居民个人取得各项所得,填写本月(次)减免税额。

(5) 第 38 列"已缴税额": 填写本年或本月(次)纳税人同一所得项目、已由扣缴义务人实际扣缴的税款金额。

(6) 第 39 列"应补/退税额": 根据相关列次计算填报。第 39 列=第 36 列－第 37 列－第 38 列。

四、其他事项说明

以纸质方式报送本表的,应当一式二份,扣缴义务人、税务机关各留存一份。

表 9-2

个人所得税专项附加扣除信息表

填报日期：　　年　　月　　日

扣除年度：

纳税人姓名：　　　　　　　　　　　　　　　　　纳税人识别号：□□□□□□□□□□□□□□□□□□

纳税人信息	手机号码		电子邮箱	
	联系地址		配偶情况	□有配偶　□无配偶
纳税人配偶信息	姓名		身份证件类型	
	身份证件号码	□□□□□□□□□□□□□□□□□□		

一、子女教育

较上次报送信息是否发生变化：□首次报送（请填写全部信息）　□无变化（不需重新填写）　□有变化（请填写发生变化项目的信息）

子女一	姓名		身份证件类型	
	出生日期	年　　月	身份证件号码	□□□□□□□□□□□□□□□□□□
	当前受教育阶段起始时间	年　　月	当前受教育阶段	□学前教育阶段　□义务教育　□高中阶段教育　□高等教育
	当前受教育阶段结束时间 *子女教育终止时不再受教育时填写	年　　月		
	就读国家（或地区）		就读学校	
			本人扣除比例	□100%（全额扣除）　□50%（平均扣除）

子女二	姓名		身份证件类型	
	出生日期	年　　月	身份证件号码	□□□□□□□□□□□□□□□□□□
	当前受教育阶段起始时间	年　　月	当前受教育阶段	□学前教育阶段　□义务教育　□高中阶段教育　□高等教育
	当前受教育阶段结束时间 *子女教育终止时不再受教育时填写	年　　月		
	就读国家（或地区）		就读学校	
			本人扣除比例	□100%（全额扣除）　□50%（平均扣除）

二、继续教育

较上次报送信息是否发生变化：□首次报送（请填写全部信息）　□无变化（不需重新填写）　□有变化（请填写发生变化项目的信息）

学历(学位)继续教育	当前继续教育起始时间	年　　月	学历(学位)继续教育阶段	□专科　□本科　□硕士研究生　□博士研究生　□其他
	当前继续教育结束时间	年　　月		
职业资格继续教育	职业资格继续教育类型	□技能人员　□专业技术人员	证书名称	
	证书编号		发证机关	
			发证（批准）日期	

三、住房贷款利息

较上次报送信息是否发生变化：□首次报送（请填写全部信息）　□无变化（不需重新填写）　□有变化（请填写发生变化项目的信息）

房屋信息	住房坐落地址	省（区、市）＿＿＿　市＿＿＿　县（区）＿＿＿　街道（乡、镇）＿＿＿
	产权证号/不动产登记号/商品房买卖合同号/预售合同号	
	本人是否借款人	□是　□否　是否婚前各自首套贷款、且婚后分别扣除50% □是　□否
房贷信息	公积金贷款｜贷款合同编号	首次还款日期
	商业贷款｜贷款合同编号	贷款银行
	贷款期限（月）	
	贷款期限（月）	首次还款日期

四、住房租金

较上次报送信息是否发生变化：□首次报送（请填写全部信息）　□无变化（不需重新填写）　□有变化（请填写发生变化项目的信息）

房屋信息	住房坐落地址	省（区、市）＿＿＿　市＿＿＿　县（区）＿＿＿　街道（乡、镇）＿＿＿
租赁情况	出租方（个人）姓名	身份证件类型　　　身份证件号码 □□□□□□□□□□□□□□□□□□
	出租方（单位）名称	纳税人识别号（统一社会信用代码） □□□□□□□□□□□□□□□□□□
	主要工作城市（*填写市一级）	住房租赁合同编号（非必填）
	租赁期起	租赁期止

五、赡养老人

较上次报送信息是否发生变化：□首次报送（请填写全部信息）　□无变化（不需重新填写）　□有变化（请填写发生变化项目的信息）

纳税人身份　□独生子女　□非独生子女

被赡养人	姓名	身份证件类型	身份证件号码 □□□□□□□□□□□□□□□□□□
	出生日期	与纳税人关系	□父亲　□母亲　□其他

被赡养人二	姓名		身份证件类型		身份证件号码	□□□□□□□□□□□□□□□□□□
	出生日期		与纳税人关系	□父亲　□母亲　□其他		
共同赡养人信息	姓名		身份证件类型		身份证件号码	□□□□□□□□□□□□□□□□□□
	姓名		身份证件类型		身份证件号码	□□□□□□□□□□□□□□□□□□
	姓名		身份证件类型		身份证件号码	□□□□□□□□□□□□□□□□□□
	姓名		身份证件类型		身份证件号码	□□□□□□□□□□□□□□□□□□
分摊方式＊独生子女不需填写		□平均分摊　□赡养人约定分摊　□被赡养人指定分摊			本年度月扣除金额	
六、大病医疗(仅限综合所得年度汇算清缴申报时填写)						
较上次报送信息是否发生变化:□首次报送(请填写全部信息)　□无变化(不需重新填写)　□有变化(请填写发生变化项目的信息)						
患者一	姓名		身份证件类型		身份证件号码	□□□□□□□□□□□□□□□□□□
	医药费用总金额		个人负担金额		与纳税人关系	□本人　□配偶　□未成年子女
患者二	姓名		身份证件类型		身份证件号码	□□□□□□□□□□□□□□□□□□
	医药费用总金额		个人负担金额		与纳税人关系	□本人　□配偶　□未成年子女
需要在任职受雇单位预扣预缴工资、薪金所得个人所得税时享受专项附加扣除的,填写本栏。						
重要提示:当您填写本栏,表示您已同意该任职受雇单位使用本表信息为您办理专项附加扣除。						
扣缴义务人名称				扣缴义务人纳税人识别号(统一社会信用代码)		□□□□□□□□□□□□□□□□□□

本人承诺:我已仔细阅读了填表说明,并根据《中华人民共和国个人所得税法》及其实施条例、《个人所得税专项附加扣除暂行办法》和《个人所得税专项附加扣除操作办法(试行)》等相关法律法规规定填写本表。本人已就所填的扣除信息进行了核对,并对所填内容的真实性、准确性、完整性负责。

纳税人签字：　　年　　月　　日

扣缴义务人签字： 经办人签字： 接收日期：　　年　　月　　日	代理机构签章： 代理机构统一社会信用代码： 经办人签字： 经办人身份证件号码：	受理人： 受理税务机关(章)： 受理日期：　　年　　月　　日

国家税务总局监制

《个人所得税专项附加扣除信息表》填表说明

本表根据《中华人民共和国个人所得税法》及其实施条例、《个人所得税专项附加扣除暂行办法》和《个人所得税专项附加扣除操作办法（试行）》等法律、法规有关规定制定。

一、填表须知

（一）纳税人按享受的专项附加扣除信息填报对应栏次；纳税人未填报的项目，无须填报。纳税人未填报本表时，对各专项附加扣除，在"首次报送"前的框内画"√"，默认为不享受。

（二）较上次报送信息是否发生变化：纳税人首次填报本表时，在"首次报送"前的框内画"√"；发生变化的，在"有变化"前的框内画"√"，并填写发生变化的扣除项目信息。

（三）身份证件号码应从左向右顶格填写，位数不满18位，需在空白格处画"—"。

（四）如各类扣除项目的表格幅不够，可另附多张《个人所得税专项附加扣除信息表》。

二、适用范围

（一）本表适用于享受子女教育、继续教育、大病医疗、住房贷款利息或住房租金、赡养老人六项专项附加扣除的自然人纳税人填写。选择在工资、薪金所得预扣预缴个人所得税时享受的，纳税人首次填报专项附加扣除信息时，应将本人所涉及的专项附加扣除信息项各内容填写完整，纳税人相关信息发生变化的，应及时更新此表相关信息项，并报送至扣缴义务人或税务机关。

（二）纳税人首次填报专项附加扣除信息送至报送后继续填写的，纳税人填写后报送税务机关赋予的纳税人识别号。

纳税人在以后纳税年度继续申报扣除的，应对扣除事项有无变化进行确认。

三、各栏填写说明

（一）表头项目

填报日期：纳税人填写本表时的日期。

扣除年度：填写纳税人享受专项附加扣除的所属年度。

纳税人姓名：填写纳税人自然人姓名。

纳税人识别号：纳税人有中国居民身份证的，填写公民身份证号码；没有公民身份证号码的，填写税务机关赋予的纳税人识别号。

（二）表内基础信息栏

纳税人信息：填写纳税人有效的手机号码，电子邮箱、联系地址。其中，手机号码为必填项。

纳税人配偶信息：纳税人有配偶的填写本栏。没有配偶的则不填。具体填写纳税人配偶的姓名、有效身份证件名称及号码。

（三）表内各栏

1.子女教育

子女姓名、身份证件类型及号码：填写纳税人子女的姓名、有效身份证件名称及号码。

出生日期：填写纳税人子女的出生日期，具体到年月日。

当前受教育阶段：选择纳税人子女当前的受教育阶段。区分学前教育阶段、义务教育、高中阶段教育、高等教育"四种情形，在对应框内打"√"。

当前受教育阶段起始时间：填写纳税人子女当前处于受教育阶段的起始时间，具体到年月。

当前受教育阶段结束时间：纳税人子女当前受教育阶段结束时间或预计结束的时间，具体到年月。

子女教育终止时间:填写纳税人子女不再接受符合子女教育扣除条件的学历教育的时间,具体到年月。

就读国家(或地区):填写学校(或就读地区)所在的国家或地区名称。

本人扣除比例:选择可扣除额度的分摊比例,由本人全额扣除的,选择"100%",分摊扣除的,选"50%",在对应框内打"√"。

2.继续教育

当前继续教育起始时间:填写接受当前学历(学位)继续教育的起始时间,具体到年月。

当前继续教育结束时间:填写接受当前学历(学位)继续教育的结束时间,具体到年月。

学历(学位)继续教育阶段:区分"专科、本科、硕士研究生、博士研究生、其他"四种情形,在对应框内打"√"。

职业资格继续教育类型:区分"技能人员""专业技术人员"两种类型,在对应框内打"√"。证书名称、证书编号、发证机关、发证(批准)日期:填写纳税人取得的继续教育职业资格证书上注明的证书名称、证书编号、发证机关、发证(批准)日期。

3.住房贷款利息

住房坐落地址:填写首套贷款房屋的详细地址,具体到楼门号。

产权证号/不动产权证号/商品房买卖合同号/预售合同号:填写首套贷款房屋的产权证、不动产权登记证、商品房买卖合同或预售合同号。如购买住房已取得产权证的,填写产权证号或不动产权证号;所购住房尚未取得房屋产权证的,填写商品房买卖合同号或预售合同号。

房屋类型:填写首套贷款住房的房屋类型。

本人是否借款人:按实际情况选择"是"或"否",并在对应框内打"√"。本人是借款人独立贷款,与配偶共同贷款的情形,包括本人独立贷款或与配偶共同贷款的情形。如果选择"否",则表头位置需填写配偶信息。

是否婚前各自首套贷款,且婚后分别扣除50%:按实际情况选择"是"或"否",并在对应框内打"√"。该情形是指夫妻双方在婚前各有一套首套贷款住房,婚后选择按夫妻双方各50%份额扣除的情况。不填默认为"否"。

公积金贷款|贷款合同编号:填写公积金贷款的贷款合同编号。

商业贷款|贷款合同编号:填写与住房金融机构签订的贷款商业贷款合同编号。

贷款期限(月):填写住房贷款合同上注明的贷款期限,按月填写。

首次还款日期:填写住房贷款合同上注明的首次还款日期。

贷款银行:填写商业贷款的银行总行名称。

4.住房租金

住房坐落地址:填写纳税人租赁房屋的详细地址,具体到楼门号。

出租方(个人)姓名、身份证件类型及号码:租赁房屋为个人的,填写本栏。具体填写住房租赁合同中的出租方姓名、有效身份证件名称及号码。

出租方(单位)名称、纳税人识别号:纳税人识别号(统一社会信用代码):租赁房屋为单位所有的,填写房屋承租单位法定名称全称及纳税人识别号(统一社会信用代码)。

主要工作城市:填写纳税人任职受雇单位所在城市,副省级城市、地级市(地区、州、盟)。无任职受雇单位的,填写其办理汇算清缴地所在城市。

住房租赁期起、租赁期止:填写纳税人住房租赁合同上注明的租赁起、止日期,具体到年月。提前终止合同(协议)的,以实际租赁期限为准。

5.赡养老人

纳税人身份：区分"独生子女""非独生子女"两种情形，并在对应框内打"√"。

被赡养人姓名、身份证件类型及号码：填写被赡养人的姓名、有效证件名称及号码。

被赡养人出生日期：填写被赡养人的出生日期，具体到年月。

与纳税人关系：按被赡养人与纳税人的关系填报，区分"父亲""母亲""其他"三种情形，在对应框内打"√"。

共同赡养人：纳税人为非独生子女时填写本栏。填写与纳税人实际共同承担赡养义务的人员信息，包括姓名、身份证件类型及号码。

分摊方式：纳税人为非独生子女时填写本栏。区分"平均分摊""赡养人约定分摊""被赡养人指定分摊"三种情形，并在对应框内打"√"。

本年度月扣除金额：填写纳税人每月可以享受的赡养老人专项附加扣除的金额，按政策规定计算的扣除金额。

6. 大病医疗

患者姓名、身份证件类型及号码：填写享受大病医疗专项附加扣除的患者姓名、有效证件名称及号码。

与纳税人关系：按患者与纳税人的关系填报，区分"本人""配偶""未成年子女"三种情形，在对应框内打"√"。

医药费用总金额：填写社会医疗保险管理信息系统记录的与基本医疗保险相关的医药费用总金额。

个人负担金额：填写社会医疗保险管理信息系统记录的基本医疗保险目录范围内扣除医疗保险报销后的个人自付部分。

7. 扣缴义务人信息

纳税人选择由任职受雇单位办理专项附加扣除的填写本栏。

扣缴义务人名称、纳税人识别号或统一社会信用代码：填写扣缴义务人名称及纳税人识别号（统一社会信用代码）。

（四）签字（章）栏次

"本人承诺"栏：需由纳税人签字。

"扣缴义务人签字栏"：纳税人由扣缴义务人在工资、薪金所得预扣预缴个人所得税时办理专项附加扣除的，应由扣缴单位向税务机关申报的，应由扣缴单位签章、办理申报的经办人签字，办理申报的经办人签字，并填写接收专项附加扣除信息的日期。

"代理机构签字章"栏：代理机构代为办理纳税申报的，应填写代理机构统一社会信用代码，加盖代理机构印章、代理申报的经办人签字，并填写经办人身份证件号码。

纳税人或扣缴义务人委托专业机构代为办理专项附加扣除的，需代理机构签章。

"受理人"栏：由受理机关填写。

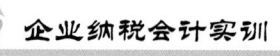

表 9-3　　　　　　　　　　　个人所得税年度自行纳税申报表

税款所属期：自　　年　　月　　日至　　年　　月　　日

纳税人姓名：

纳税人识别号：□□□□□□□□□□□□□□□□□□　　金额单位：人民币元（列至角分）

项　目	行次	金额
一、收入合计(1＝2＋3＋4＋5)	1	
（一）工资、薪金所得	2	
（二）劳务报酬所得	3	
（三）稿酬所得	4	
（四）特许权使用费所得	5	
二、费用合计[6＝(3＋4＋5)×20％]	6	
三、免税收入合计	7	
四、减除费用	8	
五、专项扣除合计(9＝10＋11＋12＋13)	9	
（一）基本养老保险费	10	
（二）基本医疗保险费	11	
（三）失业保险费	12	
（四）住房公积金	13	
六、专项附加扣除合计(14＝15＋16＋17＋18＋19＋20)	14	
（一）子女教育	15	
（二）继续教育	16	
（三）大病医疗	17	
（四）住房贷款利息	18	
（五）住房租金	19	
（六）赡养老人	20	
七、其他扣除合计(21＝22＋23＋24＋25＋26)	21	
（一）年金	22	
（二）商业健康保险	23	
（三）税延养老保险	24	
（四）允许扣除的税费	25	
（五）其他	26	
八、准予扣除的捐赠额	27	
九、应纳税所得额(28＝1－6－7－8－9－14－21－27)	28	
十、税率(％)	29	
十一、速算扣除数	30	
十二、应纳税额(31＝28×29－30)	31	
十三、减免税额	32	
十四、已缴税额	33	
十五、应补/退税额(34＝31－32－33)	34	
无住所个人附报信息		
在华停留天数	已在华停留年数	

(续表)

谨声明:本表是根据国家税收法律法规及相关规定填报的,是真实的、可靠的、完整的。	纳税人签字: 年 月 日
经办人签字: 经办人身份证件号码: 代理机构签章: 代理机构统一社会信用代码:	受理人: 受理税务机关(章): 受理日期: 年 月 日

国家税务总局监制

《个人所得税年度自行纳税申报表》填表说明

一、适用范围

本表适用于居民个人取得境内综合所得,按税法规定进行个人所得税汇算清缴。纳税人取得境外所得的,不适用本表。

二、报送期限

居民个人取得综合所得需要办理汇算清缴的,应当在取得所得的次年3月1日至6月30日内,向主管税务机关办理汇算清缴,并报送本表。

三、本表各栏填写

(一)表头项目

1.税款所属期:填写纳税人取得所得应纳个人所得税款的所属期间。如2019年1月1日至2019年12月31日。

2.纳税人姓名:填写自然人纳税人姓名。

3.纳税人识别号:有中国公民身份号码的,填写中华人民共和国居民身份证上载明的"公民身份号码";没有中国公民身份号码的,填写税务机关赋予的纳税人识别号。

(二)表内各行

1.第1行"收入合计":填写纳税人本年度取得综合所得的收入合计金额。第1行=第2行+第3行+第4行+第5行。

2.第2行"工资、薪金所得":填写本年度应当并入综合所得计税的工资、薪金收入总额。

3.第6行"费用合计":纳税人取得劳务报酬所得、稿酬所得、特许权使用费所得时,填写减除20%费用的合计金额。

4.第7行"免税收入合计":填写本年度符合税法规定的免税收入合计金额。其中,税法规定"稿酬所得的收入额减按70%计算",对减计的30%部分,填入本行。

5.第8行"减除费用":按税法规定的减除费用标准填写。

6.第9行"专项扣除合计":填写按规定本年度可在税前扣除的基本养老保险费、基本医疗保险费、失业保险费、住房公积金的合计金额。

第9行=第10行+第11行+第12行+第13行。

7.第14行"专项附加扣除合计":填写按规定本年度可在税前扣除的子女教育、继续教育、大病医疗、住房贷款利息或住房租金、赡养老人等专项附加扣除费用的合计金额。

第14行=第15行+第16行+第17行+第18行+第19行+第20行。

8.第21行"其他扣除合计":填写按规定本年度可在税前扣除的年金、商业健康保险、税延养老保险、允许扣除的税费等其他扣除项目的合计金额。

第21行=第22行+第23行+第24行+第25行+第26行。

9.第27行"准予扣除的捐赠额":填写按规定本年度准予在税前扣除的捐赠额的合计金额。

10.第28行"应纳税所得额":根据相应行次计算填报。

第28行=第1行-第6行-第7行-第8行-第9行-第14行-第21行-第27行。

11.第29~30行"税率""速算扣除数":填写按规定适用的税率和速算扣除数。

12.第31行"应纳税额":按照相关行次计算填报。

第31行=第28行×第29行-第30行。

13.第32行"减免税额":填写符合税法规定的可以减免的税额,并附报《个人所得税减免税事项报告表》。

14.第33行"已缴税额":填写本年度内纳税人在中国境内已经缴纳或者被扣缴税款的合计金额。

15.第34行"应补/退税额":根据相关行次计算填报。

第34行=第31行-第32行-第33行

(三)无住所个人附报信息:本栏由无住所个人填写。不是,则不填。

1.在华停留天数:填写一个纳税年度内,无住所居民个人在中国境内停留的天数。

2.已在华停留年数:填写无住所个人已在华连续停留的年份数。

四、其他事项说明

以纸质方式报送本表的,应当一式二份,纳税人、税务机关各留存一份。

表9-4　　　　　　　　　　　　个人所得税自行纳税申报表（A表）

税款所属期：自　　年　　月　　日至　　年　　月　　日　　　　　　　　　　　　　　　金额单位：人民币元（列至角分）

纳税人姓名：

纳税人识别号：□□□□□□□□□□□□□□□□□□

自行申报情形	□居民个人取得应税所得，扣缴义务人未扣缴税款 □非居民个人取得应税所得，扣缴义务人未扣缴税款 □非居民个人在中国境内从两处以上取得工资、薪金所得 □其他_____	是否为非居民个人	□是 □否	非居民个人本年度境内居住天数	□不超过90天 □超过90天不超过183天

序号	所得项目	收入额计算				专项扣除				其他扣除			减按计税比例	准予扣除的捐赠额	应纳税所得额	税款计算					备注
		收入	费用	免税收入	减除费用	基本养老保险费	基本医疗保险费	失业保险费	住房公积金	财产原值	允许扣除的税费	其他				税率	速算扣除数	应纳税额	减免税额	已缴税额	应补/退税额	
1	2	3	4	5	6	7	8	9	10	11	12	13	14	15	16	17	18	19	20	21	22	23

谨声明：本表是根据国家税收法律法规及相关规定填报的，是真实的、可靠的、完整的。

经办人签字：
经办人身份证件号码：
代理机构签章：
代理机构统一社会信用代码：

纳税人签字：　　　　　　　　　　年　　月　　日

受理人：
受理税务机关（章）：
受理日期：　　　年　　月　　日

国家税务总局监制

《个人所得税自行纳税申报表(A表)填表说明》

一、适用范围

本表适用于居民个人取得应税所得、扣缴义务人未扣缴税款、非居民个人取得应税所得、扣缴义务人未扣缴税款、非居民个人在中国境内从两处以上取得工资、薪金所得等情形在办理自行纳税申报时,向税务机关报送。

二、报送期限

(一)居民个人取得应税所得、扣缴义务人未扣缴税款,应当在取得所得的次年6月30日前办理纳税申报。

(二)非居民个人取得应税所得、扣缴义务人未扣缴税款,应当在取得所得的次年6月30日前办理纳税申报。税务机关通知限期缴纳税款的,非居民个人应当按照通知期限缴纳税款。

(三)非居民个人在中国境内从两处以上取得工资、薪金所得的,应当在取得所得的次月15日内办理纳税申报。

(四)其他需要纳税人办理自行申报的情形,按规定的申报期限办理。

三、本表各栏填写

(一)表头项目

1. 税款所属期:填写纳税人取得所得的当月第一日至最后一日。
2. 纳税人姓名:填写自然人纳税人姓名。
3. 纳税人识别号:有中国公民身份号码的,填写中华人民共和国居民身份证上载明的"公民身份号码";没有中国公民身份号码的,填写税务机关赋予的纳税人识别号。

(二)表内各栏

1. "自行申报情形":纳税人根据自身情况在对应框内打"√"。
2. "是否为非居民个人":非居民个人选"是",居民个人选"否",不填默认为"否"。
3. "非居民个人本年度居住天数":非居民个人根据自身情况,填写具体自行申报情形,选择"其他"的,应当填明非居民第二条规定所得项目填写。纳税人取得多项所得或者多次取得所得的,分行填写。
4. 第2列"所得期间":按照个人所得税法第二条规定的所得项目填写。纳税人取得多项所得或者多次取得所得的,分行填写。
5. 第3~5列"收入额的计算":按照个人所得税法第六条规定填写。

   (1) 第3列"收入":填写纳税人实际取得的收入。

   (2) 第4列"费用":取得劳务报酬所得、稿酬所得、特许权使用费所得时填写,取得其他各项所得时无须填写本列。非居民个人取得劳务报酬所得、稿酬所得、特许权使用费所得的,分别填写按照所得法规定的收入额的20%填写。

   (3) 第5列"免税收入":填写符合税法规定的免税收入金额。其中,税法规定稿酬所得减按70%计算,对减计的30%部分,填入本列。

6. 第6列"减除费用":按税法规定的减除费用标准填写。

7. 第7~10列"专项扣除":分别填写按税法规定允许扣除的基本养老保险费、基本医疗保险费、失业保险费、住房公积金允许扣除的金额。

8. 第11~13列"其他扣除":包含"财产原值"、"允许扣除的税费"、"其他"。允许扣除项目填写本栏。

   (1) 第11列"财产原值":包含"财产原值":纳税人取得财产转让所得时填写。

   (2) 第12列"允许扣除的税费":填写按照税法规定可以在税前扣除的税费。

①纳税人取得劳务报酬所得时,填写劳务发生过程中实际缴纳的可依法扣除的税费。

②纳税人取得特许权使用费所得时,填写提供特许权过程中发生的中介费和实际缴纳的可依法扣除的税费。

③纳税人取得财产租赁所得时,填写修缮费和实际缴纳的可依法扣除的税费。

④纳税人取得财产转让所得时,填写按规定可以在税前扣除的项目。

(3)第13列"其他":填写按规定其他可以在税前扣除的项目。

9. 第14列"减按计税比例":填写按规定实行应纳税所得额减计的优惠的减计比例。无减计规定的,则不填,系统默认为100%。如,某项税收政策实行减按60%计入应纳税所得额,则本列填60%。

10. 第15列"准予扣除的捐赠额":是指子扣除相关法规、政策规定,可以在税前扣除的捐赠额。

11. 第16列"税率""速算扣除数":根据相关法规规定适用的税率和速算扣除数。所得项目没有速算扣除数的,则不填。

12. 第17~18列"应纳税所得额":根据相关列次计算填报。

13. 第19列"应纳税额":根据相关列次计算填报。第19列×第16列×第17列—第18列。

14. 第20列"减免税额":填写符合税法规定可以减免的税额,并附报《个人所得税减免税事项报告表》。

15. 第21列"已缴税额":填写纳税人当期已实际缴纳或者被扣缴的个人所得税税款。

16. 第22列"应补/退税额":根据相关列次计算填报。第22列=第19列—第20列—第21列。

四、其他事项说明

以纸质方式报送本表的,应当一式二份,纳税人、税务机关各留存一份。

(二)小李是个体工商户,平时除了经营自己在 A 市 B 区的服装店外,还经营该市 C 区的另一家服装店。2021 年,小李共有以下几项收入:① B 区服装店全年营业收入 138 000 元,与经营有关的可在税前扣除的成本 50 000 元、费用 20 000 元、营业外支出 5 000 元,预缴个人所得税 3 200 元。②C 区服装店全年营业收入 180 000 元,与经营有关的可在税前扣除的费用 78 000 元,预缴个人所得税 25 000 元。

要求:
1. 计算小李 2021 年应纳个人所得税。
2. 代小李填写汇总纳税申报表进行纳税申报(表 9-5 至表 9-9)。

表 9-5　　　　　　　　个人所得税经营所得纳税申报表(A 表)

税款所属期:自　　年　　月　　日至　　年　　月　　日

纳税人姓名:

纳税人识别号:□□□□□□□□□□□□□□□□□□　　金额单位:人民币元(列至角分)

被投资单位信息	名称		纳税人识别号(统一社会信用代码)	
征收方式	□查账征收(据实预缴)　　□查账征收(按上年应纳税所得额预缴) □核定应税所得率征收　　□核定应纳税所得额征收 □税务机关认可的其他方式			

项目	行次	金额/比例
一、收入总额	1	
二、成本费用	2	
三、利润总额(3=1-2)	3	
四、弥补以前年度亏损	4	
五、应税所得率(%)	5	
六、合伙企业个人合伙人分配比例(%)	6	
七、允许扣除的个人费用及其他扣除(7=8+9+14)	7	
(一)投资者减除费用	8	
(二)专项扣除(9=10+11+12+13)	9	
1.基本养老保险费	10	
2.基本医疗保险费	11	
3.失业保险费	12	
4.住房公积金	13	
(三)依法确定的其他扣除(14=15+16+17)	14	
1.	15	
2.	16	
3.	17	

(续表)

项目	行次	金额/比例
八、应纳税所得额	18	
九、税率(%)	19	
十、速算扣除数	20	
十一、应纳税额(21=18×19-20)	21	
十二、减免税额(附报《个人所得税减免税事项报告表》)	22	
十三、已缴税额	23	
十四、应补/退税额(24=21-22-23)	24	

谨声明:本表是根据国家税收法律法规及相关规定填报的,是真实的、可靠的、完整的。

纳税人签字: 年 月 日

经办人:	受理人:
经办人身份证件号码:	
代理机构签章:	受理税务机关(章):
代理机构统一社会信用代码:	受理日期: 年 月 日

国家税务总局监制

《个人所得税经营所得纳税申报表(A表)》填表说明

一、适用范围

本表适用于查账征收和核定征收的个体工商户业主、个人独资企业投资人、合伙企业个人合伙人、承包承租经营者个人以及其他从事生产、经营活动的个人在中国境内取得经营所得,办理个人所得税预缴纳税申报时,向税务机关报送。

合伙企业有两个或者两个以上个人合伙人的,应分别填报本表。

二、报送期限

纳税人取得经营所得,应当在月度或者季度终了后15日内,向税务机关办理预缴纳税申报。

三、本表各栏填写

(一)表头项目

1.税款所属期:填写纳税人取得经营所得应纳个人所得税款的所属期间,应填写具体的起止年月日。

2.纳税人姓名:填写自然人纳税人姓名。

3.纳税人识别号:有中国公民身份号码的,填写中华人民共和国居民身份证上载明的"公民身份号码";没有中国公民身份号码的,填写税务机关赋予的纳税人识别号。

(二)被投资单位信息

1.纳税人名称:填写被投资单位法定名称的全称。

2.纳税人识别号(统一社会信用代码):填写被投资单位的纳税人识别号或者统一社会信用代码。

3.征收方式:根据税务机关核定的征收方式,在对应框内打"√"。采用税务机关认可的其他方式的,应在下画线处填写具体征收方式。

(三)表内各行填写

1.第1行"收入总额":填写本年度开始经营月份起截至本期从事经营以及与经营有关的活动取得的货币形式和非货币形式的各项收入总金额。包括:销售货物收入、提供劳务收入、转让财产收入、利息收入、租金收入、接受捐赠收入、其他收入。

2.第2行"成本费用":填写本年度开始经营月份起截至本期实际发生的成本、费用、税金、损失及其他支出的总额。

3.第3行"利润总额":填写本年度开始经营月份起截至本期的利润总额。

4. 第 4 行"弥补以前年度亏损":填写可在税前弥补的以前年度尚未弥补的亏损额。

5. 第 5 行"应税所得率":按核定应税所得率方式纳税的纳税人,填写税务机关确定的核定征收应税所得率。按其他方式纳税的纳税人不填本行。

6. 第 6 行"合伙企业个人合伙人分配比例":纳税人为合伙企业个人合伙人的,填写本行;其他则不填。分配比例按照合伙协议约定的比例填写;合伙协议未约定或不明确的,按合伙人协商决定的比例填写;协商不成的,按合伙人实缴出资比例填写;无法确定出资比例的,按合伙人平均分配。

7. 第 7~17 行"允许扣除的个人费用及其他扣除":

(1)第 8 行"投资者减除费用":填写根据本年实际经营月份数计算的可在税前扣除的投资者本人每月 5 000 元减除费用的合计金额。

(2)第 9~13 行"专项扣除":填写按规定允许扣除的基本养老保险费、基本医疗保险费、失业保险费、住房公积金的金额。

(3)第 14~17 行"依法确定的其他扣除":填写商业健康保险、税延养老保险以及其他按规定允许扣除项目的金额。其中,税延养老保险可在申报四季度或 12 月份税款时填报扣除。

8. 第 18 行"应纳税所得额":根据相关行次计算填报。

(1)查账征收(据实预缴):第 18 行=(第 3 行－第 4 行)×第 6 行－第 7 行。

(2)查账征收(按上年应纳税所得额预缴):第 18 行=上年度的应纳税所得额÷12×月份数。

(3)核定应税所得率征收(能准确核算收入总额的):第 18 行=第 1 行×第 5 行×第 6 行。

(4)核定应税所得率征收(能准确核算成本费用的):第 18 行=第 2 行÷(1－第 5 行)×第 5 行×第 6 行。

(5)核定应纳税所得额征收:直接填写应纳税所得额;

(6)税务机关认可的其他方式:直接填写应纳税所得额。

9. 第 19~20 行"税率"和"速算扣除数":填写按规定适用的税率和速算扣除数。

10. 第 21 行"应纳税额":根据相关行次计算填报。第 21 行=第 18 行×第 19 行－第 20 行。

11. 第 22 行"减免税额":填写符合税法规定可以减免的税额,并附报《个人所得税减免税事项报告表》。

12. 第 23 行"已缴税额":填写本年度在月(季)度申报中累计已预缴的经营所得个人所得税的金额。

13. 第 24 行"应补/退税额":根据相关行次计算填报。第 24 行=第 21 行－第 22 行－第 23 行。

四、其他事项说明

以纸质方式报送本表的,应当一式二份,纳税人、税务机关各留存一份。

表 9-6　　　　　　　　个人所得税经营所得纳税申报表(B 表)

税款所属期:自　　年　月　日至　　年　月　日

纳税人姓名:

纳税人识别号:□□□□□□□□□□□□□□□□□□　　金额单位:人民币元(列至角分)

被投资单位信息	名称		纳税人识别号(统一社会信用代码)		
项目				行次	金额/比例
一、收入总额				1	
其中:国债利息收入				2	
二、成本费用(3＝4＋5＋6＋7＋8＋9＋10)				3	
(一)营业成本				4	
(二)营业费用				5	
(三)管理费用				6	

(续表)

项目	行次	金额/比例
(四)财务费用	7	
(五)税金	8	
(六)损失	9	
(七)其他支出	10	
三、利润总额(11=1-2-3)	11	
四、纳税调整增加额(12=13+27)	12	
(一)超过规定标准的扣除项目金额(13=14+15+16+17+18+19+20+21+22+23+24+25+26)	13	
1.职工福利费	14	
2.职工教育经费	15	
3.工会经费	16	
4.利息支出	17	
5.业务招待费	18	
6.广告费和业务宣传费	19	
7.教育和公益事业捐赠	20	
8.住房公积金	21	
9.社会保险费	22	
10.折旧费用	23	
11.无形资产摊销	24	
12.资产损失	25	
13.其他	26	
(二)不允许扣除的项目金额(27=28+29+30+31+32+33+34+35+36)	27	
1.个人所得税税款	28	
2.税收滞纳金	29	
3.罚金、罚款和被没收财物的损失	30	
4.不符合扣除规定的捐赠支出	31	
5.赞助支出	32	
6.用于个人和家庭的支出	33	
7.与取得生产经营收入无关的其他支出	34	
8.投资者工资、薪金支出	35	
9.其他不允许扣除的支出	36	
五、纳税调整减少额	37	
六、纳税调整后所得(38=11+12-37)	38	
七、弥补以前年度亏损	39	
八、合伙企业个人合伙人分配比例(%)	40	

(续表)

项目	行次	金额/比例
九、允许扣除的个人费用及其他扣除(41＝42＋43＋48＋55)	41	
(一)投资者减除费用	42	
(二)专项扣除(43＝44＋45＋46＋47)	43	
1.基本养老保险费	44	
2.基本医疗保险费	45	
3.失业保险费	46	
4.住房公积金	47	
(三)专项附加扣除(48＝49＋50＋51＋52＋53＋54)	48	
1.子女教育	49	
2.继续教育	50	
3.大病医疗	51	
4.住房贷款利息	52	
5.住房租金	53	
6.赡养老人	54	
(四)依法确定的其他扣除(55＝56＋57＋58＋59)	55	
1.商业健康保险	56	
2.税延养老保险	57	
3.	58	
4.	59	
十、投资抵扣	60	
十一、准予扣除的个人捐赠支出	61	
十二、应纳税所得额(62＝38－39－41－60－61)或[62＝(38－39)×40－41－60－61]	62	
十三、税率(％)	63	
十四、速算扣除数	64	
十五、应纳税额(65＝62×63－64)	65	
十六、减免税额(附报《个人所得税减免税事项报告表》)	66	
十七、已缴税额	67	
十八、应补/退税额(68＝65－66－67)	68	

谨声明：本表是根据国家税收法律法规及相关规定填报的，是真实的、可靠的、完整的。

纳税人签字：　　　年　月　日

经办人：	受理人：
经办人身份证件号码：	受理税务机关(章)：
代理机构签章：	受理日期：　　　年　月　日
代理机构统一社会信用代码：	

国家税务总局监制

《个人所得税经营所得纳税申报表(B表)》填表说明

一、适用范围

本表适用于个体工商户业主、个人独资企业投资人、合伙企业个人合伙人、承包承租经营者个人以及其他从事生产、经营活动的个人在中国境内取得经营所得,且实行查账征收的,在办理个人所得税汇算清缴纳税申报时,向税务机关报送。

合伙企业有两个或者两个以上个人合伙人的,应分别填报本表。

二、报送期限

纳税人在取得经营所得的次年3月31日前,向税务机关办理汇算清缴。

三、本表各栏填写

(一)表头项目

1.税款所属期:填写纳税人取得经营所得应纳个人所得税款的所属期间,应填写具体的起止年月日。

2.纳税人姓名:填写自然人纳税人姓名。

3.纳税人识别号:有中国公民身份号码的,填写中华人民共和国居民身份证上载明的"公民身份号码";没有中国公民身份号码的,填写税务机关赋予的纳税人识别号。

(二)被投资单位信息

1.名称:填写被投资单位法定名称的全称。

2.纳税人识别号(统一社会信用代码):填写被投资单位的纳税人识别号或统一社会信用代码。

(三)表内各行填写

1.第1行"收入总额":填写本年度从事生产经营以及与生产经营有关的活动取得的货币形式和非货币形式的各项收入总金额。包括:销售货物收入、提供劳务收入、转让财产收入、利息收入、租金收入、接受捐赠收入、其他收入。

2.第2行"国债利息收入":填写本年度已计入收入的因购买国债而取得的应予免税的利息金额。

3.第3~10行"成本费用":填写本年度实际发生的成本、费用、税金、损失及其他支出的总额。

(1)第4行"营业成本":填写在生产经营活动中发生的销售成本、销货成本、业务支出以及其他耗费的金额。

(2)第5行"营业费用":填写在销售商品和材料、提供劳务的过程中发生的各种费用。

(3)第6行"管理费用":填写为组织和管理企业生产经营发生的管理费用。

(4)第7行"财务费用":填写为筹集生产经营所需资金等发生的筹资费用。

(5)第8行"税金":填写在生产经营活动中发生的除个人所得税和允许抵扣的增值税以外的各项税金及其附加。

(6)第9行"损失":填写生产经营活动中发生的固定资产和存货的盘亏、毁损、报废损失,转让财产损失,坏账损失,自然灾害等不可抗力因素造成的损失以及其他损失。

(7)第10行"其他支出":填写除成本、费用、税金、损失外,生产经营活动中发生的与之有关的、合理的支出。

4.第11行"利润总额":根据相关行次计算填报。第11行=第1行-第2行-第3行。

5.第12行"纳税调整增加额":根据相关行次计算填报。第12行=第13行+第27行。

6.第13行"超过规定标准的扣除项目金额":填写扣除的成本、费用和损失中,超过税法规定的扣除标准应予调增的应纳税所得额。

7.第27行"不允许扣除的项目金额":填写按规定不允许扣除但被投资单位已将其扣除的各项成本、费用和损失,应予调增应纳税所得额的部分。

8.第37行"纳税调整减少额":填写在计算利润总额时已计入收入或未列入成本费用,但在计算应纳税所得额时应予扣除的项目金额。

9.第38行"纳税调整后所得":根据相关行次计算填报。第38行=第11行+第12行-第37行。

10.第39行"弥补以前年度亏损":填写本年度可在税前弥补的以前年度亏损额。

11.第40行"合伙企业个人合伙人分配比例":纳税人为合伙企业个人合伙人的,填写本栏;其他则不填。分配比例按照合伙协议约定的比例填写;合伙协议未约定或不明确的,按合伙人协商决定的比例填写;协商不成的,按合伙人实缴出资比例填写;无法确定出资比例的,按合伙人平均分配。

12.第41行"允许扣除的个人费用及其他扣除":填写按税法规定可以税前扣除的各项费用、支出,包括:

(1)第42行"投资者减除费用":填写按税法规定的减除费用金额。

(2)第43~47行"专项扣除":分别填写本年度按规定允许扣除的基本养老保险费、基本医疗保险费、失业保险费、住房公积金的合计金额。

(3)第48~54行"专项附加扣除":分别填写本年度纳税人按规定可享受的子女教育、继续教育、大病医疗、住房贷款利息、住房租金、赡养老人等专项附加扣除的合计金额。

(4)第55~59行"依法确定的其他扣除":分别填写按规定允许扣除的商业健康保险、税延养老保险,以及国务院规定其他可以扣除项目的合计金额。

13. 第 60 行"投资抵扣":填写按照税法规定可以税前抵扣的投资金额。

14. 第 61 行"准予扣除的个人捐赠支出":填写本年度按照税法及相关法规、政策规定,可以在税前扣除的个人捐赠合计额。

15. 第 62 行"应纳税所得额":根据相关行次计算填报。
(1)纳税人为非合伙企业个人合伙人的:第 62 行＝第 38 行－第 39 行－第 41 行－第 60 行－第 61 行。
(2)纳税人为合伙企业个人合伙人的:第 62 行＝(第 38 行－第 39 行)×第 40 行－第 41 行－第 60 行－第 61 行。

16. 第 63～64 行"税率""速算扣除数":填写按规定适用的税率和速算扣除数。

17. 第 65 行"应纳税额":根据相关行次计算填报。第 65 行＝第 62 行×第 63 行－第 64 行。

18. 第 66 行"减免税额":填写符合税法规定可以减免的税额,并附报《个人所得税减免税事项报告表》。

19. 第 67 行"已缴税额":填写本年度累计已预缴的经营所得个人所得税金额。

20. 第 68 行"应补/退税额":根据相关行次计算填报。第 68 行＝第 65 行－第 66 行－第 67 行。

四、其他事项说明

以纸质方式报送本表的,应当一式二份,纳税人、税务机关各留存一份。

表 9-7　　　　　　　　个人所得税经营所得纳税申报表(C 表)

税款所属期:自　　年　月　日至　　年　月　日

纳税人姓名:

纳税人识别号:□□□□□□□□□□□□□□□□□□　　金额单位:人民币元(列至角分)

被投资单位信息	单位名称		纳税人识别号(统一社会信用代码)	投资者应纳税所得额
	汇总地			
	非汇总地	1		
		2		
		3		
		4		
		5		

项　目	行次	金额/比例
一、投资者应纳税所得额合计	1	
二、应调整的个人费用及其他扣除(2＝3＋4＋5＋6)	2	
(一)投资者减除费用	3	
(二)专项扣除	4	
(三)专项附加扣除	5	
(四)依法确定的其他扣除	6	
三、应调整的其他项目	7	
四、调整后应纳税所得额(8＝1＋2＋7)	8	
五、税率(%)	9	
六、速算扣除数	10	
七、应纳税额(11＝8×9－10)	11	
八、减免税额(附报《个人所得税减免税事项报告表》)	12	
九、已缴税额	13	
十、应补/退税额(14＝11－12－13)	14	

(续表)

谨声明:本表是根据国家税收法律法规及相关规定填报的,是真实的、可靠的、完整的。

纳税人签字： 年 月 日

经办人：	受理人：
经办人身份证件号码：	
代理机构签章：	受理税务机关(章)：
代理机构统一社会信用代码：	受理日期： 年 月 日

国家税务总局监制

《个人所得税经营所得纳税申报表(C表)》填表说明

一、适用范围

本表适用于个体工商户业主、个人独资企业投资人、合伙企业个人合伙人、承包承租经营者个人以及其他从事生产、经营活动的个人在中国境内两处以上取得经营所得,办理合并计算个人所得税的年度汇总纳税申报时,向税务机关报送。

二、报送期限

纳税人从两处以上取得经营所得,应当于取得所得的次年3月31日前办理年度汇总纳税申报。

三、本表各栏填写

(一)表头项目

1.税款所属期:填写纳税人取得经营所得应纳个人所得税款的所属期间,应填写具体的起止年月日。

2.纳税人姓名:填写自然人纳税人姓名。

3.纳税人识别号:有中国公民身份号码的,填写中华人民共和国居民身份证上载明的"公民身份号码";没有中国公民身份号码的,填写税务机关赋予的纳税人识别号。

(二)被投资单位信息

1.名称:填写被投资单位法定名称的全称。

2.纳税人识别号(统一社会信用代码):填写被投资单位的纳税人识别号或者统一社会信用代码。

3.投资者应纳税所得额:填写投资者从其各投资单位取得的年度应纳税所得额。

(三)表内各行填写

1.第1行"投资者应纳税所得额合计":填写投资者从其各投资单位取得的年度应纳税所得额的合计金额。

2.第2~6行"应调整的个人费用及其他扣除":填写按规定需调整增加或者减少应纳税所得额的项目金额。调整减少应纳税所得额的,用负数表示。

(1)第3行"投资者减除费用":填写需调整增加或者减少应纳税所得额的投资者减除费用的金额。

(2)第4行"专项扣除":填写需调整增加或者减少应纳税所得额的"三险一金"(基本养老保险费、基本医疗保险费、失业保险费、住房公积金)的合计金额。

(3)第5行"专项附加扣除":填写需调整增加或者减少应纳税所得额的专项附加扣除(子女教育、继续教育、大病医疗、住房贷款利息、住房租金、赡养老人)的合计金额。

(4)第6行"依法确定的其他扣除":填写需调整增加或者减少应纳税所得额的商业健康保险、税延养老保险以及国务院规定其他可以扣除项目的合计金额。

3.第7行"应调整的其他项目":填写按规定应予调整的其他项目的合计金额。调整减少应纳税所得额的,用负数表示。

4.第8行"调整后应纳税所得额":根据相关行次计算填报。第8行=第1行+第2行+第7行。

5.第9~10行"税率""速算扣除数":填写按规定适用的税率和速算扣除数。

6.第11行"应纳税额":根据相关行次计算填报。第11行=第8行×第9行-第10行。

7.第12行"减免税额":填写符合税法规定可以减免的税额,并附报《个人所得税减免税事项报告表》。

8.第13行"已缴税额":填写纳税人本年度累计已缴纳的经营所得个人所得税的金额。

9.第14行"应补/退税额":按相关行次计算填报。第14行=第11行-第12行-第13行。

四、其他事项说明

以纸质方式报送本表的,应当一式二份,纳税人、税务机关各留存一份。

表 9-8

个人所得税基础信息表（A 表）

（适用于扣缴义务人填报）

扣缴义务人名称：

扣缴义务人纳税人识别号：□□□□□□□□□□□□□□□□□□

序号	纳税人基本信息（带*必填）							任职受雇从业信息				联系方式				银行账户		投资信息		其他信息			华侨、港澳台、外籍个人信息（带*必填）					备注
	*纳税人姓名	*身份证件类型	*身份证件号码	*出生日期	*国籍/地区		类型	职务	学历	任职受雇从业日期	离职日期	手机号码	户籍所在地	经常居住地	联系地址	电子邮箱	开户银行	银行账号	投资额（元）	投资比例	是否残疾/孤老/烈属	残疾/烈属证号	*出生地	*性别	*首次入境时间	*预计离境时间	*涉税事由	
1	2	3	4	5	6	7	8	9	10	11	12	13	14	15	16	17	18	19	20	21	22	23	24	25	26	27	28	29

谨声明：本表是根据国家税收法律法规及相关规定填报的，是真实的、可靠的、完整的。

经办人签字：　　　　　　　　　　　　　　　　　　　　　　　　　　扣缴义务人（签章）：

经办人身份证件号码：

代理机构签章：　　　　　　　　　　　　　　　　　　　　　　　　受理人：

代理机构统一社会信用代码：　　　　　　　　　　　　　　　　　　受理税务机关（章）：

　　　　　　　　　　　　　　　　　　　　　　　　　　　　　　　　受理日期：　　年　　月　　日

国家税务总局监制

《个人所得税基础信息表（A表）》填表说明

一、适用范围

本表由扣缴义务人填报。适用于扣缴义务人办理全员全额扣缴申报时，填报其支付所得的纳税人的基础信息。

二、报送期限

扣缴义务人首次向纳税人支付所得，或者纳税人相关基础信息发生变化的，应当填写本表，并于次月扣缴申报时向税务机关报送。

三、本表各栏填写

本表带"*"项目分为必填项，其余项目为选填。

（一）表头项目

1. 扣缴义务人名称：填写扣缴义务人的法定名称全称。

2. 扣缴义务人纳税人识别号：填写扣缴义务人的纳税人识别号或者统一社会信用代码。

（二）表内各栏

1. 第2~7列"纳税人基本信息"：填写纳税人姓名、证件名等基本信息。

（1）第2列"纳税人姓名"：填写纳税人姓名。有中国公民身份号码的，填写中华人民共和国居民身份证上载明的"公民身份号码"；没有中国公民身份号码的，按照证件上的姓名顺序填写。

（2）第3列"纳税人识别号"：有中国公民身份号码的，填写"公民身份号码"；没有中国公民身份号码的，填写税务机关赋予的纳税人识别号。

（3）第4列"身份证件类型"：根据纳税人实际情况填写。

①有中国公民身份号码的，应当填写《中华人民共和国居民身份证》（简称"居民身份证"）。

②华侨应当填写《中华人民共和国护照》（简称"中国护照"）。

③港澳居民来往内地通行证》（简称"港澳居民通行证"）或者《中华人民共和国港澳居民居住证》（简称"港澳居民居住证"）；台湾居民可选择填写《台湾居民来往大陆通行证》（简称"台湾居民通行证"）或者《中华人民共和国台湾居民居住证》（简称"台湾居民居住证"）。

④外籍人员可选择填写《中华人民共和国外国人永久居留身份证》（简称"外国人永久居留身份证"）、《中华人民共和国外国人工作许可证》（简称"外国人工作许可证"）或者"外国护照"。

⑤其他符合规定情形的填写"其他证件"。

身份证件类型选择选择"港澳居民居住证"或者"外国人工作许可证"的，应当同时填写"港澳居民居住证"、"身份证件类型选择"台湾居民居住证"的，应当同时填写"台湾居民居住证"；身份证件类型选择"外国护照"的，根据纳税人所属的国籍或者地区。

（4）第5~6列"国籍（地区）"：身份证件类型"外国护照"出生日期"：根据纳税人身份证件上的信息填写。

（5）第7列"出生日期"：根据纳税人身份证件上的信息填写。

2. 第8~12列"任职受雇从业信息"：填写纳税人与扣缴义务人之间的任职受雇从业信息。

（1）第8列"类型"：根据实际情况填写"雇员"、"保险营销员"或者"证券经纪人"或者"其他"。

（2）第9~12列"类型"选择"雇员""保险营销员"或者"证券经纪人"时，填写纳税人与扣缴义务人建立或者解除相应劳动或者劳务关系的日期。

3. 第13~17列"手机号码"：填写纳税人境内有效手机号码；

（1）第13列"手机号码"：填写纳税人境内有效手机号码；

（2）"职务""学历"：任职受雇从业的，根据实际情况填写"任职受雇从业日期""离职日期"：填写纳税人与扣缴义务人建立或者解除相应劳动或者劳务关系的日期。

(2)第14~16列"户籍所在地""经常居住地""联系地址":填写纳税人境内有效户籍所在地、经常居住地或者联系地址,按以下格式填写(具体到门牌号):___省(区、市)___区(县)___街道(乡、镇)___

(3)第17列"电子邮箱":填写有效的电子邮箱。

4.第18~19列"银行账户":填写个人境内有效银行账户信息,开户银行填写到银行总行。

5.第20~21列"投资信息":纳税人为扣缴单位的股东、投资者的,填写本栏。

6.第22~23列"其他信息":如纳税人有"残疾、孤老、烈属"情况的,填写本栏。

7.第24~28列"华侨、外籍个人信息":华侨、港澳台居民、外籍个人的填写本栏。

(1)第24列"出生地":填写华侨、港澳台居民、外籍个人的出生地,具体到国家或者地区。

(2)第26~27列"预计入境时间""预计离境时间":填写华侨、港澳台居民、外籍个人首次入境和预计离境的时间,具体到年月日。预计离境时间发生变化的,应及时进行变更。

(3)第28列"涉税事由":填写华侨、港澳台居民、外籍个人在境内涉税的具体事由,包括"任职受雇""提供临时劳务""转让财产""从事投资和经营活动""其他"。如有多项事由的,应同时填写。

四、其他事项说明

以纸质方式报送本表的,应当一式二份,扣缴义务人、税务机关各留存一份。

表 9-9　　　　　　　　　　　个人所得税基础信息表（B 表）
　　　　　　　　　　　　　　　　（适用于自然人填报）

纳税人识别号：□□□□□□□□□□□□□□□□□□

基本信息（带 * 必填）				
基本信息	*纳税人姓名	中文名	英文名	
^	*身份证件	证件类型一	证件号码	
^	^	证件类型二	证件号码	
^	*国籍/地区		*出生日期	年　月　日
联系方式	户籍所在地	省（区、市）　　市　　区（县）　街道（乡、镇）|		
^	经常居住地	省（区、市）　　市　　区（县）　街道（乡、镇）|		
^	联系地址	省（区、市）　　市　　区（县）　街道（乡、镇）|		
^	*手机号码		电子邮箱	
其他信息	开户银行		银行账号	
^	学历	□研究生　　□大学本科　　□大学本科以下			
^	特殊情形	□残疾　残疾证号_____　□烈属　烈属证号_____　□孤老			
任职、受雇、从业信息				
任职受雇从业单位一	名称		国家/地区	
^	纳税人识别号（统一社会信用代码）		任职受雇从业日期	年　月　离职日期　年　月
^	类型	□雇员　□保险营销员　□证券经纪人　□其他	职务	□高层　□其他
任职受雇从业单位二	名称		国家/地区	
^	纳税人识别号（统一社会信用代码）		任职受雇从业日期	年　月　离职日期　年　月
^	类型	□雇员　□保险营销员　□证券经纪人　□其他	职务	□高层　□其他
该栏仅由投资者纳税人填写				
被投资单位一	名称		国家/地区	
^	纳税人识别号（统一社会信用代码）		投资额（元）	投资比例
被投资单位二	名称		国家/地区	
^	纳税人识别号（统一社会信用代码）		投资额（元）	投资比例

该栏仅由华侨、港澳台、外籍个人填写(带＊必填)					
＊出生地		＊首次入境时间		年　月　日	
＊性别		＊预计离境时间		年　月　日	
＊涉税事由	□任职受雇　□提供临时劳务　□转让财产　□从事投资和经营活动　□其他				

谨声明：本表是根据国家税收法律法规及相关规定填报的，是真实的、可靠的、完整的。

纳税人(签字)：　　　年　月　日

经办人签字： 经办人身份证件号码： 代理机构签章： 代理机构统一社会信用代码：	受理人： 受理税务机关(章)： 受理日期：　　　年　月　日

国家税务总局监制

《个人所得税基础信息表(B表)》填表说明

一、适用范围

本表适用于自然人纳税人基础信息的填报。

二、报送期限

自然人纳税人初次向税务机关办理相关涉税事宜时填报本表；初次申报后，以后仅需在信息发生变化时填报。

三、本表各栏填写

本表带"＊"的项目为必填或者条件必填，其余项目为选填。

(一)表头项目

纳税人识别号：有中国公民身份号码的，填写中华人民共和国居民身份证上载明的"公民身份号码"；没有中国公民身份号码的，填写税务机关赋予的纳税人识别号。

(二)表内各栏

1. 基本信息：

(1)纳税人姓名：填写纳税人姓名。外籍个人英文姓名按照"先姓(surname)后名(given name)"的顺序填写，确实无法区分姓和名的，按照证件上的姓名顺序填写。

(2)身份证件：填写纳税人有效的身份证件类型及号码。

"证件类型一"按以下原则填写：

①有中国公民身份号码的，应当填写《中华人民共和国居民身份证》(简称"居民身份证")。

②华侨应当填写《中华人民共和国护照》(简称"中国护照")。

③港澳居民可选择填写《港澳居民来往内地通行证》(简称"港澳居民通行证")或者《中华人民共和国港澳居民居住证》(简称"港澳居民居住证")；台湾居民可选择填写《台湾居民来往大陆通行证》(简称"台湾居民通行证")或者《中华人民共和国台湾居民居住证》(简称"台湾居民居住证")。

④外籍个人可选择填写《中华人民共和国外国人永久居留身份证》(简称"外国人永久居留证")、《中华人民共和国外国人工作许可证》(简称"外国人工作许可证")或者"外国护照"。

⑤其他符合规定的情形填写"其他证件"。

"证件类型二"按以下原则填写：证件类型一选择"港澳居民居住证"的，证件类型二应当填写"港澳居民通行证"；证件类型一选择"台湾居民居住证"的，证件类型二应当填写"台湾居民通行证"；证件类型一选择"外国人永久居留证"或者"外国人工作许可证"的，证件类型二应当填写"外国护照"。证件类型一已选择"居民身份证""中国护照""港澳居民通行证""台湾居民通行证"或"外国护照"，证件类型二可不填。

(3)国籍/地区：填写纳税人所属的国籍或地区。

(4)出生日期：根据纳税人身份证件上的信息填写。

(5)户籍所在地、经常居住地、联系地址：填写境内地址信息，至少填写一项。有居民身份证的，"户籍所在地""经常居住地"必须填写其中之一。

(6)手机号码、电子邮箱：填写境内有效手机号码，港澳台、外籍个人可以选择境内有效手机号码或电子邮箱中的一项填写。

(7)开户银行、银行账号：填写有效的个人银行账户信息，开户银行填写到银行总行。

(8)特殊情形:纳税人为残疾、烈属、孤老的,填写本栏。残疾、烈属人员还需填写残疾/烈属证件号码。

2.任职、受雇、从业信息:填写纳税人任职受雇从业的有关信息。其中,中国境内无住所个人有境外派遣单位的,应在本栏除填写境内任职受雇从业单位、境内受聘签约单位情况外,还应一并填写境外派遣单位相关信息。填写境外派遣单位时,其纳税人识别号(统一社会信用代码)可不填。

3.投资者纳税人填写栏:由自然人股东、投资者填写。没有,则不填。

(1)名称:填写被投资单位名称全称。

(2)纳税人识别号(统一社会信用代码):填写被投资单位纳税人识别号或者统一社会信用代码。

(3)投资额:填写自然人股东、投资者在被投资单位投资的投资额(股本)。

(4)投资比例:填写自然人股东、投资者的投资额占被投资单位投资(股本)的比例。

4.华侨、港澳台、外籍个人信息:华侨、港澳台居民、外籍个人填写本栏。

(1)出生地:填写华侨、港澳台居民、外籍个人的出生地,具体到国家或者地区。

(2)首次入境时间、预计离境时间:填写华侨、港澳台居民、外籍个人首次入境和预计离境的时间,具体到年月日。预计离境时间发生变化的,应及时进行变更。

(3)涉税事由:填写华侨、港澳台居民、外籍个人在境内涉税的具体事由,在相应事由处打"√"。如有多项事由的,同时勾选。

四、其他事项说明

以纸质方式报送本表的,应当一式二份,纳税人、税务机关各留存一份。